Leseratten unterwegs

Oliver Mittelbach

Dan Browns Thriller-Schauplätze als Reiseziel

books&friends

Auf den Spuren geheimer Bruderschaften im Vatikan

Auf der Suche nach einem goldenen Ring

The Da Vinci Code

Auf Thriller-Tour durch Europa!

In Europa ist ein wahrer Thriller-Tourismus entstanden: Bieten die Bestseller „Sakrileg“ und „Illuminati“ doch dem Leser die Gelegenheit, die Schauplätze der erfolgreichsten Romane unserer Zeit live zu erleben. Auf den Spuren von Robert Langdon, dem Helden der beiden Romane, entdecken Sie Europas schönste Metropolen völlig neu!

Nicht nur Reiseveranstalter aus den USA - und neuerdings sogar aus Neuseeland – bieten Reisen nach Europa unter dem Label „The Da Vinci Tour“ an. Auch zahlreiche Agenturen vor Ort haben das Thema in ihr Programm aufgenommen und veranstalten in Paris, London und Rom geführte Touren zu den Stätten der Handlung.

Wer jedoch anhand eines Thrillers von Dan Brown auf eigene Faust versucht, den darin beschriebenen Wegen zu folgen, wird schnell merken: Dan Brown ist nicht gerade derjenige, den man in Paris oder Rom nach dem Weg fragen sollte. Des Dichters Phantasie und die künstlerische Freiheit versetzt schon mal eine Kirche an einen anderen Platz, ändert den Verlauf von Straßen und findet Wege, wo keine sind. Mit dem vorliegenden Reiseführer aber gehen Sie kein Risiko ein – im Gegenteil: Neben vielen Hintergrund-Informationen zu historischen Schauplätzen finden Sie für die Metropolen Paris, London und Rom Touren-Vorschläge, anhand derer Sie Ihre eigene Sakrileg- und Illuminati-Tour zusammenstellen können.

Und alle Fans, die auch Sevilla erobern wollen, finden am Ende ein kleines Kapitel zu „Diabolus“ – auch wenn hier nur wenige Schauplätze zu besuchen sind. Dafür lernt man auf der „kleinen Diabolus-Tour“ die prächtigsten Bauwerke von Sevilla kennen und hat anschließend noch genug Zeit, um in den zahlreichen Tapas-Bars spanische Kultur live zu genießen.

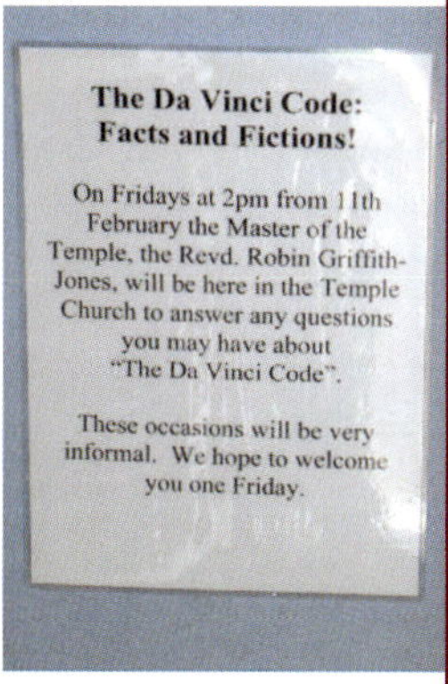

Das vorliegende Buch versteht sich nicht als Ersatz für den klassischen Städte-Reiseführer, sondern als – hoffentlich – hilfreiche Ergänzung für alle, die einmal selbst auf den Spuren Robert Langdons wandeln wollen. Aber auch daheim, auf dem gemütlichen Sofa (oder in Hochspannung versetzt unter der Bettdecke!), machen die zahlreichen Abbildungen die Abenteuer der Romanhelden noch anschaulicher.

Doch eines sollten wir bei unseren Touren niemals vergessen: Eine Kirche ist immer noch an allererster Stelle ein Ort der Andacht und des Gebetes, ganz gleich welche Skulpturen und Monumente sich in ihrem Inneren befinden mögen. Und die großartigen Kunstwerke von Gian Lorenzo Bernini, Michelangelo und Leonardo da Vinci waren schon immer sehenswert. Also freuen wir uns darüber, dass Dan Brown mit seinen Romanen zu einer ganz neuen Form des Kultur-Tourismus beigetragen hat. Viel Spaß auf Ihrer Thriller-Tour – und keine Angst: sie ist völlig ungefährlich!

Wer war Leonardo da Vinci wirklich?

Die Sakrileg-Tour durch Paris

Hotel Ritz

Das Ritz – wer kennt diesen Namen nicht! Beschrieben und besungen, steht er als Synonym für Glamour und Luxus. Gegründet wurde das Hotel Ritz am Ende des 19. Jahrhunderts von César Ritz. Der 1850 geborene Schweizer hatte jahrelang in mondänen Hotels in Baden-Baden, Cannes, London und Rom Erfahrungen gesammelt. In dieser Zeit lernte er die hohen Ansprüche der Reichen und Adeligen genau kennen. Mit diesem Wissen eröffnete er im Jahre 1898 sein eigenes Hotel an der Place Vendôme. Mit Erfolg, denn die Gästeliste des Ritz liest sich wie ein who-is-who: Gekrönte Häupter wie der spätere englische König Eduard VII. übernachteten hier, der Schah von Persien und die Windsors, außerdem Schriftsteller wie Marcel Proust, Jean-Paul Sartre und natürlich Ernest Hemingway, der mehrere Jahre in Zimmer 31 wohnte und nach dem die Bar des Hotels benannt wurde. Schauspieler wie Charlie Chaplin, Greta Garbo, Marlene Dietrich und noch viele weitere Künstler, Musiker und sonstige Berühmtheiten wohnten hier. Die exzentrische Modezarin Coco Chanel lebte sogar über 30 Jahre in „ihrer“ Suite im Ritz, wo sie 1971 starb.

Nach seinem Vortrag an der Amerikanischen Universität in Paris sucht Robert Langdon, Harvard-Professor und Spezialist für religiöse Symbolologie, im legendären Hotel Ritz seine wohlverdiente Nachtruhe. Um halb zwei Uhr nachts wird er von der französischen Staatspolizei aus dem Schlaf geholt. Man teilt ihm mit, dass Jacques Saunière, der Direktor des Louvre, ermordet wurde. Und Langdons Name wurde in Saunières Terminkalender gefunden…

Abb. links | *Wahrzeichen von Paris: der Eiffelturm*

Abb. links | *Das erste Haus am Platz: das Ritz*

Abb. rechts oben | *Schön nostalgisch: ein Drink in der Hemingway-Bar*

Abb. unten | *Wer den Heiligen Gral findet, kann sich auch diese Suite leisten*

Auch Prominente heutiger Tage scheinen sich hier sehr wohl zu fühlen: Im April 2005 überraschte David Beckham seine Victoria mit einem Spontantrip nach Paris inklusive Übernachtung in der Coco Chanel Suite - quasi als Entschuldigung dafür, dass er ihren 31. Geburtstag nicht mitfeiern konnte, weil er an jenem Tag für seinen Arbeitgeber Real Madrid arbeiten musste. Schon nachvollziehbar, dass Victoria sich sehr darüber gefreut hat... wir würden es auch.

Damals wie heute bietet das Ritz jeden erdenklichen Luxus und einen außergewöhnlichen Service, für den mehr als 600 Angestellte sorgen. Die 162 Luxuszimmer, davon 66 Suiten, sind mit wertvollen Möbeln im klassischen französischen Stil, alten Gemälden und Seidentapeten ausgestattet. Das Hotel wurde in jüngster Zeit behutsam (nichtsdestotrotz sehr kostspielig) renoviert, so dass das einzigartige historische Ambiente bewahrt geblieben ist. Die Coco Chanel Suite ist eine von zehn einzigartigen Prestige Suiten, die den Namen berühmter Gäste und bekannter Persönlichkeiten tragen. Auf großzügigen 150 Quadratmetern genießt hier die Prominenz das Flair der Vergangenheit mit modernem Komfort wie Jacuzzi.

Auf der Rechnung stehen dann mindestens 3.800 Euro pro Nacht. Ein Bett wie jenes, in dem Robert Langdon aus dem Schlaf gerissen wurde, ist dagegen ab 590 Euro zu bekommen. Ein Symbolologe scheint also auch passabel zu verdienen …

Einen legendären Ruf besitzt die Küche des Hotels. Hier wirkte in den Gründungsjahren Auguste Escoffier, der wohl bekannteste und bedeutendste Koch der Geschichte. Heute steht das Restaurant „L'Espadon" unter der Leitung des deutschen Spitzenkochs Michel Roth. Er soll den unlängst verlorenen zweiten Michelin-Stern zurückholen. Eine schöne Atmosphäre genießt man in einem der schweren, grünen Ledersessel der Hemingway-Bar. Hier rührt und schüttelt Colin Field, der im Jahr 2001 zum besten Barkeeper der Welt gewählt wurde.

Heutiger Besitzer des Ritz Hotels ist der Ägypter Mohammed Al-Fayed, der das Haus 1979 kaufte und sich damit einen Kindertraum verwirklichte. Bei seinem Namen drängt sich unweigerlich die Erinnerung an den 31. August 1997 auf. Al-Fayeds Sohn Dodi und Prinzessin Diana verbrachten im Ritz gemeinsam die letzten Stunden ihres Lebens. Von hier aus starteten sie kurz nach Mitternacht zu der tragischen Verfolgungsfahrt, die an der Tunneleinfahrt der Pont de l'Alma unter der Seine tödlich endete.

SERVICE | Adresse: Hotel Ritz, 15 Place Vendôme, 75001 Paris. Hotel: Tel: 0033 (0)1 43 16 30 70, E-Mail: resa@ritzparis.com. Internet: www.ritzparis.com

Restaurant L'Espadon: Tel: 0033 (0)1 43 16 30 80, Öffnungszeiten: täglich von 7 bis 11 Uhr, 12 bis 14.30 Uhr, 19 bis 22.30 Uhr

Hemingway-Bar: Tel: 0033 (0)1 43 16 30 65. Öffnungszeiten: montags bis samstags von 18.30 bis 2 Uhr

Jardin des Tuileries

Leutnant Collet erhielt den Auftrag, Robert Langdon zu seinem Vorgesetzten in den Louvre zu bringen. Der Polizeiwagen rast über die Straßen, biegt in die Tuilerie-Gärten ein und fährt direkt bis zum Eingang des Louvre.

Abb. oben | *Von Orgien keine Spur. Leider*

Abb. rechts | *Das berühmteste Museum der Welt*

Hier zeigt sich zum ersten Mal, dass Dan Browns Stadtplan von Paris irgendwie anders sein muss als unsere Karten – und das ändert sich auch im weiteren Verlauf der Handlung nicht. Wir achten jedoch darauf, dass man auf dem Weg vom Hotel Ritz zum Louvre nicht an der Oper vorbeikommt. Denn diese liegt nördlich des Hotels, die Tuilerie-Gärten jedoch südlich davon, nur wenige Minuten entfernt. Und wir wundern uns, wie man mit einem Wagen in die Tuilerie-Gärten bei der Rue Castiglione kommen kann. Die Gärten sind von einem rund fünf Meter hohen Metallzaun umgeben, und zudem befinden sich an den Toreingängen Stufen.

Die Tuilerie-Gärten erstrecken sich entlang des Seine-Ufers vom Louvre bis hin zur Place de la Concorde. Hier stand früher war das Stadtschloss der französischen Herrscher, das 1871 zerstört wurde. Heute teilt eine schnurgerade Allee, die links und rechts des Weges mit hunderten von Statuen gesäumt ist, den großzügigen Park in zwei Hälften - ein schöner Ort, um auf einer der zahlreichen Bänke ein wenig zu relaxen.

Am östlichen Ende des Parks erhebt sich der kleine Triumphbogen, der Arc de Triomphe du Carrousel. Wir haben keine Ahnung, welche „orgiastischen Feierlichkeiten" (S. 27) hier angeblich abgehalten wurden. Wir wissen nur, dass Napoleon das Monument zwischen 1806 und 1808 nach dem Vorbild des Konstantinbogens in Rom erbauen ließ. Wie beim römischen Vorbild wurde auch hier verschiedenfarbiger Marmor verwendet. Ursprünglich standen Bronzepferde auf dem Bogen, die Napoleon vom Markusdom in Venedig mitgenommen hatte – ein Souvenir seines Italien-Feldzugs. Nach der Niederlage bei Waterloo mussten sie zurückgegeben und durch die Kopie ersetzt werden, die wir heute noch sehen.

Die Pyramide

An der Glaspyramide, dem Haupteingang des Louvre, wird Robert von Capitaine Bezu Fache empfangen. Er folgt ihm durch den unterirdischen Gang in die Ausstellungsräume.

Im Vorfeld ihrer Errichtung gab es hitzige Diskussionen, insbesondere konservative Geister regten sich maßlos auf. Inzwischen jedoch wird die Pyramide als ein neues Wahrzeichen der französischen Hauptstadt von den meisten Parisern akzeptiert und geschätzt. Sie sehen das Bauwerk, wie Robert Langdon es sehr treffend formuliert, „als eine überzeugende Synthese von altehrwürdiger Form und moderner Bautechnik, […] als einen Garanten des gelungenen Übergangs des Louvre ins neue Millennium" (S. 30).

Es war 1983, als der französische Präsident François Mitterrand beschlossen hatte, den Louvre zu erweitern und besser in die Stadt zu integrieren, ohne dabei den historischen Charakter des Baus zu verfälschen. Durch den Auszug des Finanzministeriums, das sich bislang im Nordflügel des Gebäudes befunden hatte, verdoppelte sich die Ausstellungsfläche auf fast 60.000 Quadratmeter. Aufgrund des U-förmigen Grundrisses waren einige Säle nun allerdings fast zwei Kilometer voneinander entfernt. Die Aufgabe lautete nun, einen zentralen Eingang zu errichten, der den direkten Zugang zu allen drei Flügeln des Museums ermöglichte.

Der in China geborene und in den USA ausgebildete Architekt Ieoh Ming Pei wurde mit dem Projekt beauftragt. Von ihm stammt unter anderem auch das Deutsche Historische Museum in Berlin. In Paris löste er die gestellte Aufgabe durch den Bau einer gläsernen Pyramide mitten im Cour Napoléon, der vorher als Parkplatz diente.

Die Pyramide versorgt den unterirdischen Teil des Eingangs mit Licht, gleichzeitig zeigt sie ihn oberirdisch schon aus der Ferne an. Der fast 22 Meter hohe Bau setzt sich laut der Informationen auf der Website des Louvre aus 673 Glasplatten zusammen – die Zahl 666, die im Roman angegeben ist, klingt natürlich geheimnisvoller. Gereinigt werden die Platten übrigens nicht mehr wie zu Anfang von ausgebildeten Bergsteigern, sondern von einem Roboter.

Die umgekehrte Pyramide, die Pyramide Inversée, befindet sich nicht im eigentlichen Museumsbereich, sondern in der unterirdischen Einkaufspassage Carrousel du Louvre. Diese an das Museum angegliederte Passage erstreckt sich weitläufig vom Haupteingang bis unter den Arc du Carrousel. Unter den zahlreichen Geschäften befindet sich auch der Louvre-Shop, in dem man Bücher, Reproduktionen und auch Postkarten kaufen kann. Letztere kann man sogleich auf die Reise an die Lieben schicken, denn praktischerweise liegt direkt gegenüber die Post. Wir gelangen entweder durch die Pyramide hierhin oder direkt durch einen der beiden Eingänge, die sich rechts und links vom Arc du Carrousel befinden. Dieser Weg ist auch ein Tipp, um die häufig recht lange Schlange am Haupteingang zu umgehen. Denn auch von hier kommt man ins Musée du Louvre. Die sieben Meter hohe (oder sagt man hier besser „tiefe"?) Pyramide Inversée finden wir in der Mitte des Platzes, an dem sich die unterirdischen Gänge zum Museum, den Geschäften und einigen Restaurants kreuzen. Direkt unter ihrer Spitze befindet sich eine kleine, ungefähr einen Meter hohe Steinpyramide, so nah, dass sich die beiden Spitzen fast berühren. Zu fantastisch ist Dan Browns Idee, dass eine weitere kleine gespiegelte Pyramide genau unter der Steinpyramide einen Hohlraum bildet, in dem die Gebeine von Maria Magdalena ruhen. In Wirklichkeit gibt es natürlich kein unterirdisches Pendant, sondern die Pyramide steht direkt auf dem Boden. Und daher verkneifen wir es uns auch, wie Robert Langdon auf die Knie zu fallen und die kleine Pyramide anzubeten.

Die abenteuerliche Reise endet dort, wo sie begann: im Louvre. Hier offenbart sich Robert Langdon eines der größten Geheimnisse der Menschheit: das Versteck des Grals.

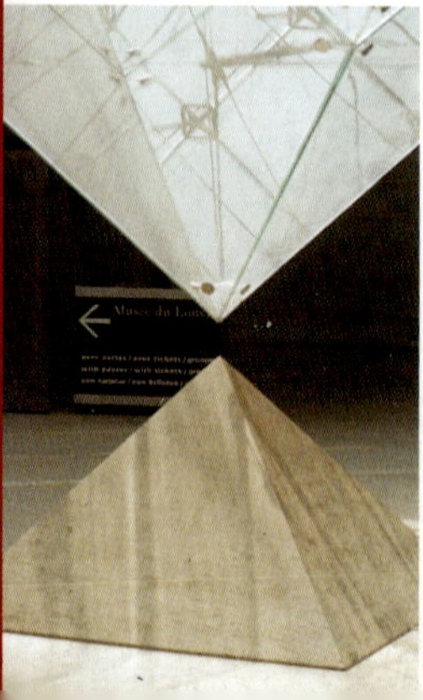

Louvre

Bereits um 1200 wurde an diesem Ort eine mittelalterliche Festung errichtet, die das Ufer der Seine gegen die feindlichen Normannen verteidigen sollte. Um 1370 wurde die Burg unter Kaiser Karl V. zu einem wohnlichen Palais umgebaut. In den folgenden Jahrhunderten ließen fast alle französischen Herrscher den Louvre umbauen und vor allem auch erweitern. Die heutige Anlage mit den drei Flügeln entstand größtenteils im 17. Jahrhundert. Als Louis XIV. die Königsresidenz im Jahre 1682 nach Versailles verlegte, fanden die Bauarbeiten vorerst ein Ende. Erst über hundert Jahre später nahmen Napoleon und später sein Neffe Napoleon III. die Arbeiten wieder auf und vollendeten den Bau. Die letzte große Bautätigkeit begann in den 80er Jahren. Der ehemalige Präsident François Mitterrand initiierte das Projekt „Grand Louvre", bei dem die große Pyramide entstand und der Richelieu-Flügel eröffnet wurde.

Seit über zweihundert Jahren beherbergt der Louvre nun ein Museum. Im Jahre 1793, kurz nach der Französischen Revolution, wurden die Kunstschätze der Könige, die bereits in diesen Räumlichkeiten untergebracht waren, der Öffentlichkeit zugänglich gemacht. Und diese ist auch heute noch davon begeistert: Jährlich wird das größte Museum der Welt von fast sechs Millionen Menschen besucht, davon kommen rund zwei Drittel aus dem Ausland. Insgesamt 300.000 Exponate befinden sich hier, von denen jedoch nur ein Zehntel dem Publikum zugänglich ist. Vieles kann trotz der enormen Ausstellungsfläche nicht gezeigt werden und muss daher in den Magazinen bleiben.

Im Denon-Flügel in der Grande Galerie liegt die Leiche von Jacques Saunière. Kurz vor seinem Tod hinterließ er hier eine mysteriöse Abschiedsbotschaft. Nach Robert Langdon trifft auch die junge Kryptographin Sophie Neveu am Tatort ein. Sie ist die Enkeltochter des Ermordeten. Mit ihrer Hilfe kann Robert die Botschaft entschlüsseln. Sie führt zur Mona Lisa.

Abb. links | *Das Ende einer abenteuerlichen Suche*

Abb. unten | *Wirkt auch auf Besucher anziehend: die Pyramide Inversée*

Die drei Gebäudeflügel wurden nach Denon, Sully und Richelieu benannt. Uns interessiert auf unserer Suche natürlich vor allem der Denon-Flügel. Hier hängen die Werke der italienischen Meister des 16. und 17. Jahrhunderts. Dass Saunière einen Caravaggio von der Wand gerissen hat, erscheint eher unwahrscheinlich. Die drei Caravaggios hängen deutlich weiter hinten, ungefähr in der Mitte der Galerie. Und warum Dan Brown den Parkettfußboden als „eigentliche Attraktion“ dieses Flügels beschreibt (S. 45), können wir nicht recht nachvollziehen; es ist halt ein schöner Parkettfußboden, nicht mehr und nicht weniger. Gegen die Meisterwerke an den Wänden kommt er bei weitem nicht an. Auch Fallgitter, die potenzielle Einbrecher einschließen sollen, sucht man hier vergebens.

Das meistbewunderte Gemälde im Pariser Louvre, die Mona Lisa von Leonardo da Vinci, befindet sich erst seit April 2005 wieder an ihrem ursprünglichen Platz in der Salle de la Joconde. Dieser Saal wurde in vierjähriger Renovierung völlig umgestaltet, gefördert mit 4,8 Millionen Euro des japanischen Fernsehsenders NTV. Der Saal besitzt eine Kapazität von 1.500 Besuchern pro Stunde, drei Wärter stehen hier, um den Besucherstrom ein wenig zu ordnen – was auch mitunter erforderlich ist. Eine Absperrung hält allzu aufdringliche Verehrer von ihr fern. Nun lächelt die Mona Lisa hinter Panzerglas die Besucherscharen an, die oftmals überrascht sind, wie klein sie eigentlich ist: nur 77 Zentimeter hoch und 53 Zentimeter breit.

Doch nicht ihre Größe ist entscheidend, sondern ihre Ausstrahlung. Wenn man vor ihr steht, gewinnt man den Eindruck, dass man nicht sie anschaut, sondern selbst von ihr beobachtet wird. Ihre Augen scheinen einen zu verfolgen.

Abb. links | *Das geheimnisvollste Lächeln der Welt*

Abb. links unten | *Ein Mord unter (italienischen) Meistern: die Grande Galerie*

Abb. rechts unten | *Die Felsengrottenmadonna: noch wertvoller ist ihre Rückseite*

Die Herleitung ihres Namens, die Robert im Roman ausführt, ist natürlich abstrus. Der Name „Mona Lisa" steht in keinerlei Zusammenhang mit den altägyptischen Gottheiten Amon und Isis. Deutlich wird das, wenn man weiß, dass das Bild zu Lebzeiten Leonardos noch keinen Namen hatte, und im Italienischen noch heute „La Gioconda" heißt. Die genaue Identität der portraitierten Dame ist ungeklärt. Am wahrscheinlichsten scheint die Theorie, dass es sich um ein Porträt von Lisa, der Gemahlin des florentinischen Edelmanns Francesco del Giocondo handelt. Leonardo selbst hat dieses Werk als sein Meisterwerk betrachtet. Er malte es zwischen 1503 und 1505 und war davon so angetan, dass er es behielt und nicht an den Auftraggeber geliefert hatte. Auch Napoleon mochte das Gemälde: bis zu seiner Verbannung hing es in seinem Schlafzimmer.

Die Felsengrottenmadonna finden wir nicht, wie dargestellt, in der Salle des États gegenüber der Mona Lisa.

Auf der Plexiglasscheibe vor der Mona Lisa hat Sophies Großvater eine weitere verschlüsselte Botschaft hinterlassen, die zu einem anderen Gemälde von Leonardo da Vinci führt: Zur Felsengrottenmadonna. Als ein Wachmann auftaucht, droht sie geistesgegenwärtig damit, das Werk zu zerstören.

Dort hängt Paolo Veroneses riesiges Gemälde „Die Hochzeit von Kana". Leonardos Bild dagegen befindet sich in der Grande Galerie an der linken Wandseite. Im Jahre 1483 erhielt der Künstler von der Bruderschaft der unbefleckten Empfängnis den Auftrag, ein Altarbild für eine Kirche in Mailand zu erstellen. Aber das Bild hat den Auftraggebern nicht gefallen. Sie nahmen es nicht an, und so musste er eine zweite Version malen. Diese zweite Version ist heute in der National Gallery in London zu sehen (Siehe Seite 55). Wie Dan Brown auf Seite 148 richtig beschreibt, ist das Gemälde zwei Meter hoch, und auch dementsprechend schwer. Wie hat Sophie es bloß ganz alleine von der Wand heben können, ohne es dabei zu beschädigen?

Abb. oben | *Nicht von Leonardo, trotzdem schön: die Venus von Milo*

Hätten Robert und Sophie mehr Zeit gehabt …

… dann hätten sie sich sicher dies noch angeschaut:

Eines ist klar: Es ist unmöglich, bei einem einzigen Besuch alle ausgestellten Werke anzuschauen. In sieben verschiedenen Abteilungen, aufgeteilt in über 200 Säle, drängen sich Höhepunkte aus 2.500 Jahren europäischer Kulturgeschichte. Daher sollte man sich auf eine, maximal zwei Abteilungen konzentrieren, die einem am interessantesten erscheinen. Hat man nur sehr wenig Zeit, sind neben der italienischen Malerei im Denon-Flügel die bekanntesten Werke die Venus von Milo (Erdgeschoss Sully-Flügel), Michelangelos Sterbender Sklave (Erdgeschoss Denon-Flügel) sowie die Gemälde von Rubens, Rembrandt und Dürer (2. Stock Richelieu-Flügel). Wer wissen möchte, wie der Louvre ursprünglich einmal ausgesehen hat, geht in das Untergeschoss des Sully-Flügels. Hier kann man die Grundmauern der Türme und den Burggraben der mittelalterlichen Festung bestaunen, die um 1200 hier stand. Am Modell, das hier steht, kann man die imposanten Wehrtürme der Festung gut erkennen.

Service | Adresse: Musée du Louvre, 75058 Paris | Öffnungszeiten: täglich 9 bis 18 Uhr, mittwochs und freitags bis 21.45 Uhr. Achtung: dienstags geschlossen! Eintritt: 8,50 Euro, nach 18 Uhr 6 Euro | Internet: www.louvre.fr

Der Roman „Sakrileg“ wirft zahlreiche Fragen über Leonardo da Vinci auf: Hat er in seinen Bildern wirklich geheime Botschaften versteckt? Wusste er tatsächlich etwas über den Gral? Gehörte er einem Geheimbund an? Eines können wir heute mit Sicherheit sagen: Leonardo war ein Universalgenie, für das Kunst und Wissenschaft untrennbar zusammen gehörten. Mit seinen Erfindungen war er seiner Zeit weit voraus, und die wissenschaftliche Exaktheit seiner anatomischen Skizzen ist erstaunlich.

Leonardo da Vinci wurde am 15. April 1452 in der Nähe des Dorfes Vinci, rund 30 Kilometer von Florenz entfernt, geboren. Im Gegensatz zu Dan Brown sprechen wir im Folgenden natürlich von „Leonardo“, und nicht von „da Vinci“, da letzterer (auf deutsch „aus Vinci“) kein echter Nachname ist. Leonardo war der uneheliche Sohn des erfolgreichen Notars Ser Piero d'Antonio und des Bauernmädchens Catarina. Er wuchs bei seinem Großvater väterlicherseits in Vinci auf. Nach dessen Tod zog Leonardo mit seinem Vater, der die künstlerische Begabung des Jungen schon früh erkannte und förderte, nach Florenz.

Im Jahr 1469 ging Leonardo bei dem florentinischen Maler, Bildhauer und Goldschmied Andrea del Verrocchio in die Lehre. Neben der Malerei lernte er dort auch Mathematik, Geometrie und Anatomie. Aufgrund seiner außergewöhnlichen künstlerischen Begabung war Leonardo einer von Verrocchios Lieblingsschülern. Der Meister schenkte ihm sein Vertrauen und gab ihm immer verantwortungsvollere Aufgaben. Leonardo malte unter anderem einen Engel auf Verrocchios Bild „Taufe Christi“ (1476), welches sich heute in den Uffizien in Florenz befindet.

Im Jahr 1476 wird er gemeinsam mit drei anderen jungen Männern der Sodomie (damals gleichbedeutend mit Homosexualität) angeklagt, die Anklage wird jedoch fallengelassen. Es gibt durchaus einige Fachleute, die der Ansicht sind, dass Leonardo homosexuell war; aber ein „ausschweifender Homosexueller“ (Seite 60) war er sicherlich nicht. Auch in seinen Aufzeichnungen findet sich kein Hinweis auf seine sexuellen Neigungen.

Nach Beendigung der Lehre blieb Leonardo noch einige Zeit bei Verrocchio. Von seiner Schaffenszeit in Florenz zeugen in erster Linie Skizzen und Studien.

Um 1483 zog Leonardo nach Mailand, als ihm am Hofe des Fürsten Lodovico Sforza eine Anstellung angeboten wurde. Er empfahl sich dort als Ingenieur, Architekt, Maler, Bildhauer und sogar als Musiker. Neben einigen Aufträgen seines Herrn füllte er seine Notizbücher weiterhin mit Berechnungen und Skizzen zu Geometrie, Waffen und menschlicher Anatomie. In dieser Zeit entstand auch die erste Version des Gemäldes der Felsengrottenmadonna.

Zwischen 1495 und 1498 malte er das „Abendmahl" im Speiseraum des Mailänder Klosters Santa Maria delle Grazie. Das Bild nimmt mit 4,60 x 8,80 Metern die gesamte Länge der Wand ein. Bestechend ist die Perspektive, in der jedes Element des Bildes eine imaginäre Linie bildet, die genau auf den Kopf Jesu führt. Aufgrund der experimentellen Mischung aus Tempera- und Ölfarben auf dem bröckelnden Putz wies das Fresko bereits zu Lebzeiten Leonardos erhebliche Zerstörungen auf und musste immer wieder restauriert und ausgebessert werden. Inzwischen ist kaum noch ein Pinselstrich des Originals erhalten geblieben. Die jüngste umfassende Restaurierung begann 1979.

Erst zwanzig Jahre später, im Mai 1999, wurde das Fresko der Öffentlichkeit wieder zugänglich gemacht. Nach vorheriger Anmeldung kann es in der Chiesa Maria delle Grazie in Mailand besichtigt werden. Als Mailand von Frankreich erobert wurde, kehrte Leonardo nach Florenz zurück, wo er als Militäringenieur arbeitete und Waffen entwickelte – darunter sogar einen Panzer! Man nimmt an, dass er von 1503 bis 1505 an der „Mona Lisa" gearbeitet hatte. Der Zeitraum kann jedoch nicht mehr exakt bestimmt werden, andere Quellen datieren die Entstehung später. Leonardo selbst hat dieses Werk als sein Meisterwerk betrachtet. Er war davon so angetan, dass er es behielt und nicht an seinen Auftraggeber lieferte – sofern es überhaupt einen gegeben hatte – und nahm es auf allen seinen weiteren Reisen mit. Erst kurz vor seinem Tod verkaufte er es in Frankreich an König Franz I.

Museumsdirektor Jacques Saunière nahm die berühmte Proportionsstudie „Der Vitruvische Mann" als Vorbild für die Inszenierung seiner Abschiedsbotschaft.

Sie stammt aus dem Buch „De divina proportione", welches Leonardo in Zusammenarbeit mit dem Mathematiker Luca Pacioli 1509 veröffentlichte. Wer sich das Motiv, das auch die Rückseite der italienischen 1-Euro-Münzen ziert, einmal im Original anschauen möchte, muss nach Venedig in die Gallerie dell'Accademia fahren.

Im Jahr 1513 folgt Leonardo der Einladung Papst Leos X. nach Rom. Dort malt er in Zusammenarbeit mit seinen Schülern das Bild „Johannes der Täufer", seine einzige Arbeit im Auftrag des Vatikans. Hier irrt Dan Brown gewaltig, wenn er auf Seite 61 schreibt: „Er malte Hunderte von lukrativen Auftragswerken für den Vatikan". Insgesamt hat Leonardo nur 17 Bilder gemalt, vier davon blieben unvollendet. Warum hat der Autor da nicht seine Frau, eine Kunsthistorikerin, gefragt?

Seine letzten Lebensjahre verbrachte Leonardo auf Einladung von König Franz I. in Frankreich im Landschloss Cloux (heute Clos-Lucé) in der Nähe von Amboise. Die meiste Zeit verbrachte er nun damit, seine Aufzeichnungen und Notizbücher zu sortieren. Das Genie starb im Alter von 67 Jahren am 2. Mai 1519.

Abb. unten | *Leonardos berühmtes „Abendmahl": nur ein Fresko oder doch viel mehr?*

Bis vor zwei Jahren war die Kirche Saint-Sulpice, gelegen im 6. Arrondissement südlich der Seine, eigentlich hauptsächlich Kirchenmusikern als Standort der größten Orgel Frankreichs ein Begriff. Die meisten Paris-Touristen interessierte die Kirche nicht, obwohl sie hinter der Kathedrale Nôtre-Dame immerhin die zweitgrößte von Paris ist. Seit Erscheinen des Romans „Sakrileg" ist alles anders geworden. Nun ist es so, wie Dan Brown es in seinem Buch vorausgesagt hat: „Touristen, Historiker und Nichtchristen aus der ganzen Welt kamen nach Saint-Sulpice, um diese berühmte Linie zu betrachten." (S. 119). Pfarrer Roumanet schätzt, dass im Jahr 2004 rund 30.000 Besucher allein deswegen in seine Kirche kamen – und er hat reagiert: Inzwischen hängt in der Nähe des Obelisken eine Hinweistafel, die auf den Roman „Sakrileg" direkt Bezug nimmt. In französischer und englischer Sprache klärt sie die Besucher darüber auf, was Fakt und was Fiktion ist.

So wird unter anderem klar gestellt: Die Kirche wurde nicht, wie Dan Brown erzählt, „über den Resten eines antiken Isis-Tempels errichtet" (S. 99), sondern auf die Überreste einer kleinen Kirche platziert, die hier bereits im 9. Jahrhundert stand. Ihr Grundriss entspricht dem Grundriss der Nôtre-Dame, nur einige Meter kleiner. Nachdem der Grundstein im Jahre 1646 gelegt wurde, zog sich die anschließende Bauzeit der Kirche über ein Jahrhundert hin. Zwischendurch wurden die Bauarbeiten immer wieder unterbrochen; mal fehlte es an Geld, mal starb der ausführende Baumeister, und zuletzt kam die Französische Revolution dazwischen. Insgesamt haben sechs verschiedene Architekten in diesem Zeitraum an der Kirche gearbeitet und jeweils ihre eigene Handschrift hinterlassen.

Während Robert im Louvre langsam begreift, dass er unter Mordverdacht steht, sucht Albinomönch Silas, der wahre Mörder von Jacques Saunière, nach dem Schlussstein, der das Rätsel um den Heiligen Gral lüften soll. In der Kirche trifft er auf Schwester Sandrine, die von der Orgelempore aus das Treiben des finsteren Gesellen durchschaut…

Abb. rechts | *„Bis hierher sollst du kommen und nicht weiter" (Hiob 38, 11)*

Abb. unten | *Prominent durch Dan Brown: Saint-Sulpice*

Das Ergebnis ist ein bunter Mix verschiedener Stile. Das ist auch der Grund, warum die beiden Kirchtürme so unterschiedlich aussehen und unterschiedlich hoch sind.

Deutlich zu erkennen ist die in den Boden eingelassene Messinglinie, die im Roman als „Rosenlinie" bezeichnet wird. Sie führt vor dem Altargeländer entlang bis zu einem Obelisken, der an der linken Wand emporragt. Silas glaubt, dass an seinem Fundament der Schlussstein versteckt ist. Was hat es nun mit dieser Linie für eine Bewandtnis? Dan Brown schreibt, dass es sich um ein so genanntes Gnomon handelt. Doch was ist überhaupt ein Gnomon? Die Hinweistafel in der Kirche liefert uns die Erklärung: Dieses Gnomon ist ein astronomisches Instrument, das im Jahre 1743 unter Aufsicht des Astronomen Le Monnier installiert wurde. Die Messinglinie führt mit präziser Nord-Südausrichtung vom Marmorobelisken abwärts den Boden entlang. Durch ein Loch im gegenüber liegenden Fenster auf der Südseite fällt ein Sonnenstrahl in den Raum, der um Punkt 12 Uhr mittags die Messinglinie trifft. Schönes Wetter vorausgesetzt, konnte so die Mittagsstunde genau bestimmt werden, die den Einwohnern von Paris sofort durch Glockenläuten mitgeteilt wurde.

Zusätzlich diente das Gnomon als Kalender, der die beiden Tagundnachtgleichen anzeigt. Das sind die Zeitpunkte im Frühjahr und im Herbst, an dem Tag und Nacht für alle Punkte auf der Erde gleich lang sind. Dann nämlich läuft der Sonnenstrahl den Obelisken hinauf, trifft die goldfarbene Kugel auf der Spitze und bringt das Kreuz zum Leuchten. Dieser Zeitpunkt ist wichtig, um festzulegen, wann das Osterfest begangen wird; seit dem 4. Jahrhundert wird Ostern immer am Sonntag nach dem ersten Vollmond im Anschluss an die Tagundnachtgleiche gefeiert.

Abb. links | *Klingt auch so überwältigend, wie sie aussieht: die Orgel der Saint-Sulpice*

Abb. rechts | *Eines der zwölf Zentimeter großen Bronzemedaillons*

Abb. unten | *Der Altar ohne Schwester Sandrine und den Albinomönch Silas*

Wert legt Pfarrer Roumanet darauf, dass sich die Buchstaben P und S, die auf den Fenstern an den beiden Enden des Querschiffs zu sehen sind, auf die Schutzheiligen der Kirche, Pierre und Sulpice, beziehen und nicht auf eine imaginäre Prieuré de Sion.

Die in einigen Reiseführern erwähnten Fresken des Malers Delacroix, die sich hier befinden, können uns nach unserem Besuch im Louvre mit ihren matten und dunklen Farben nicht wirklich faszinieren. Viel beeindruckender ist die 20 Meter hohe Orgel des Orgelbauers Aristide Cavaillé-Coll aus dem Jahre 1862. Sie ist eines von nur drei 100-registrigen Instrumenten in Europa (die beiden anderen stehen im Ulmer Münster und in der Liverpooler Kathedrale). Die unglaublich komplexe Orgel verfügt über fünf Manuale plus Pedalen – fast unvorstellbar, wie jemand darauf spielen kann! Doch es gibt Meister, die es können. Außerhalb des Gottesdienstes kann man sie jeden Monat bei einem Orgelkonzert hören. Der Eintritt ist sogar frei.

Service | Adresse: L'Eglise Saint-Sulpice, 33 rue Saint-Sulpice, 75006 Paris | Öffnungszeiten: täglich von 7.30 bis 19.30 Uhr

Der Nullmeridian ist eine imaginäre Linie, die vom Nordpol zum Südpol läuft. Von diesem ausgehend wird die Erde in westliche und östliche Längengrade eingeteilt. Seit 1884 verläuft der Nullmeridian durch Greenwich, einen Stadtteil im Osten Londons. Doch das war nicht immer so: Um 150 nach Christus hatte ihn der griechische Geograph und Astronom Ptolemäus durch die Westspitze der Insel Hierro gelegt. Damals war die Kanareninsel, die sich bis heute noch „Isla del Meridiano" (Insel des Meridians) nennt, der westlichste bekannte Punkt der „alten" Welt.

Über 1700 Jahre blieb die Insel der maßgebliche Nullmeridian für die Seefahrt. Daneben existierten jedoch zahlreiche weitere nationale Systeme. In Frankreich lief der Nullmeridian seit 1667 mitten durch Paris. Er wurde durch die Mittellinie des Observatoriums definiert. Mit der Zunahme des internationalen Reiseverkehrs wurde eine Vereinheitlichung der geltenden Systeme erforderlich. Erst auf einer internationalen Konferenz im Oktober 1884 einigten sich die Teilnehmerstaaten darauf, den Nullmeridian von Greenwich zu verwenden. Frankreich enthielt sich bei der Abstimmung seiner Stimme, und danach dauerte es noch 30 Jahre, bis sich Paris zähneknirschend von seinem eigenen Meridian verabschiedete, um ebenfalls den von Greenwich zu verwenden.

Einer, der sich bei der Vermessung des Pariser Meridians quer durch Frankreich bis hin nach Spanien verdient gemacht hatte, war der französische Physiker und Astronom François Arago, der ab 1834 das Pariser Observatorium leitete. Im Jahre 1995 setzte ihm der niederländische Künstler Jean Dibbets ein außergewöhnliches Denkmal. Er markierte den Pariser Meridian mittels 135 in den Boden eingelassenen Bronzemedaillons auf einer gedachten Linie, die sich quer durch die Hauptstadt erstreckt. Allein elf von ihnen befinden sich im Louvre und auf dem Cour Napoléon.

Was die Messinglinie in der Kirche Saint-Sulpice betrifft: Natürlich verläuft auch sie in exakter Nord-Süd-Ausrichtung, liegt aber nicht auf dem Meridian. Wer genau wissen möchte, wo sich die einzelnen Bronzeplatten befinden, erfährt dieses im Internet unter www.amb-pays-bas.fr/fr/ambassade/pcz/arago.htm.

Avenue des Champs Elysées

Robert und Sophie entkommen aus dem Louvre und fliehen in Sophies Smart über die rue de Rivoli und die Champs Elysées bis zur Amerikanischen Botschaft. Hier hofft Robert, Schutz vor der französischen Polizei zu finden, bis seine Unschuld bewiesen ist.

Vermutlich wollte Sophie ihren neuen amerikanischen Freund nicht auf dem kürzesten Weg zur Amerikanischen Botschaft bringen, sondern ihm mit einer kleinen Sightseeing-Tour vorab eine Freude machen. Anstatt von der rue Rivoli direkt geradeaus über die Place de la Concorde in die Avenue Gabriel zu fahren, wo sich die Botschaft in Haus Nummer 2 befindet, jagt sie auf die Avenue des Champs Elysées weiter. Warum auch nicht? Schließlich gilt der rund zwei Kilometer lange Boulevard, der sich von der Place de la Concorde bis zum Arc de Triomphe erstreckt, doch als eine der prachtvollsten Straßen der Welt.

Der Name „Champs Elysées" („Elysisches Feld") entstammt der griechischen Mythologie; das Elysium war ein Paradies, in das auserwählte Helden aufgenommen werden sollten, um unsterblich zu werden. Welch edler Name! Ursprünglich waren die Champs Elysées eine Verlängerung der Tuilerie-Gärten, nicht mehr als eine Promenade außerhalb der Stadt. Erst Mitte des 19. Jahrhunderts wurde dieses Viertel zum Inbegriff für Glanz und Glamour: Prunkvolle Wohnhäuser, Cafés und Theater wurden gebaut, und auf den Bürgersteigen flanierten die Schönen und Reichen.

Dieser Glanz hielt sich bis in die 80er Jahre des letzten Jahrhunderts, bevor er abblätterte. Durch die Touristenmassen angelockt, fanden sich im oberen Bereich am Triumphbogen immer mehr Fast-Food-Ketten, Autohäuser, Discounter und kitschige Souvenirläden. Die meisten edlen Designer flohen in die noblen Seitenstraßen, wo man ihre Läden auch heute noch findet. Anfang der 90er Jahre beschloss Staatspräsident Jacques Chirac, den alten Glanz der Prachtstraße wieder neu aufleben zu lassen.

Abb. unten | *Luxus prägt die Champs-Elysées heute noch*

Mit Erfolg: Die Bürgersteige wurden verbreitert und neu gepflastert, Platanen gepflanzt, Designerbänke aufgestellt, sowie Kioske und Telefonzellen im Belle-Epoque-Stil errichtet. Heute ist es wieder ein Vergnügen, in einem der vielen Straßencafés auf den Champs Elysées zu sitzen und den Leuten zuzuschauen.

Seit 1919 wird hier Jahr für Jahr der französische Nationalfeiertag am 14. Juli mit einer pompösen Militärparade begangen. Aber auch andere Großereignisse, die die Nation bewegen, werden hier bejubelt. Als die französische Mannschaft 1998 die Fußballweltmeisterschaft gewann, versammelten sich über eine Million Menschen hier, um den Sieg zu feiern. Seit dem Millennium wird die Straße jedes Jahr in der Silvesternacht für den Verkehr gesperrt, und tausende Menschen feiern hier ins neue Jahr und singen den Klassiker von Joe Dassin „Les Champs Elysées"…

Abb. unten | *Der Blick von der Place de la Concorde reicht bis zum Triumphbogen*

Hätten Robert und Sophie mehr Zeit gehabt …

… dann hätten sie sich sicher dies noch angeschaut:

Abb. unten | *Weit gereist: Der Obelisk von Luxor*

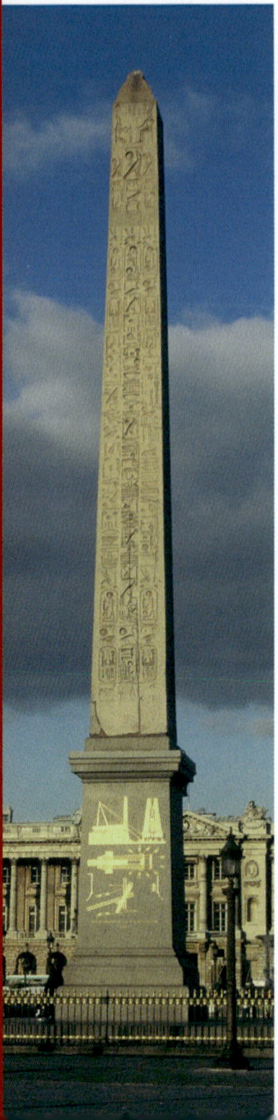

Place de la Concorde

Diejenigen, die bereits auf „Illuminati-Tour" in Rom waren, erleben hier ein Déjà-Vu. Alle anderen werden von der Place de la Concorde am östlichen Ende der Champs Elysées beeindruckt sein. Nicht unbedingt, weil dies der größte Platz von Paris ist, sondern eher, weil sich in seiner Mitte ein 3.300 Jahre alter Obelisk aus dem Ramsestempel in Luxor befindet. Die beiden mit Statuen geschmückten Brunnen wurden übrigens den Brunnen auf dem Petersplatz in Rom nachempfunden. Nein, hier hat Bernini seine Finger nicht im Spiel gehabt (siehe Kapitel „Illuminati-Tour durch Rom"). Mit Sicherheit ist der Platz heute viel schöner als zur Zeit der Französischen Revolution. Denn damals wurden König Louis XVI., seine Frau Marie Antoinette, Robespierre, Danton und über 1.200 andere durch die hier aufgestellte Guillotine enthauptet.

Rue du Faubourg Saint Honoré

Wer es sich wie Robert Langdon leisten kann, im Hotel Ritz zu übernachten, für den ist die Rue du Faubourg Saint Honoré ein Shoppingmekka. Es macht aber auch Spaß, nur von außen in die schönen Auslagen der Top-Designer zu schauen und dabei ein wenig zu träumen. Hier finden wir die großen Namen aus der Welt der Mode: Dior, Versace, Jean-Paul Gaultier und Lagerfeld, um nur einige zu nennen.

Und noch einen anderen bekannten Namen finden wir hier: Jacques Chirac, der französische Staatspräsident, residiert streng bewacht unter der Hausnummer 55 im Elysée-Palast. Passanten dürfen vor dem Gebäude aus Sicherheitsgründen nur den Bürgersteig auf der anderen Straßenseite benutzen.

Arc de Triomphe

Am anderen Ende der Champs Elysées, auf der Place de L'Etoile (heute offiziell Place Charles de Gaulle), steht der Arc de Triomphe (Triumphbogen), eines der Wahrzeichen von Paris. Hier treffen insgesamt zwölf breite Straßen sternförmig in einem Kreisverkehr aufeinander - ein wahrer Alptraum für jeden auswärtigen Autofahrer, doch Sophie meistert die Fahrt natürlich souverän. Viele kennen das zu Ehren Napoleons errichtete Denkmal auch daher, dass hier jedes Jahr unter dem Jubel tausender Zuschauer das härteste Radrennen der Welt, die Tour de France endet. Wer möchte, kann den Triumphbogen auch erklimmen. Von der Aussichtsplattform in gut 50 Metern Höhe hat man einen spektakulären Blick über Paris.

Service | Adresse: Place Charles-de-Gaulle, 75008 Paris | Öffnungszeiten der Plattform: Von April bis September täglich von 10 bis 23 Uhr; von Oktober bis März täglich von 10 bis 22.30 Uhr | Eintritt: 8 Euro, ermäßigt 5 Euro.

Gare Saint Lazare

Der Bahnhof Saint Lazare ist der älteste der sechs Pariser Bahnhöfe. Er wurde im Jahre 1837 zunächst etwas weiter nördlich errichtet, und fünf Jahre später an seinem jetzigen Ort neu aufgebaut. Bekannt wurde der Bahnhof durch Bilder des Impressionisten Claude Monet. In den Jahren 1876-77 schuf er hier seine Gare-Saint-Lazare-Serie, bestehend aus zwölf Bildern. Eines davon kann im Pariser Musée d'Orsay bewundert werden.

Die Amerikanische Botschaft wurde bereits von der französischen Polizei abgeriegelt! Da kommt Sophie eine Idee, wie sie die Polizei auf eine falsche Fährte locken kann: sie fährt zum Bahnhof Saint Lazare.

Ansonsten gibt es nicht viel Erwähnenswertes. Es geht hier halt zu wie an jedem anderen Bahnhof auch. Wir sehen Menschen, die es eilig haben, und einige kleinere Geschäfte. Eines bekommen wir hier allerdings nicht: Eine Fahrkarte nach Lille. Von hier aus gehen die Fernzüge in Richtung der Normandie. Wenn man nach Lille möchte, muss man an einem anderen Bahnhof starten, und zwar an der Gare du Nord. Kein Wunder, dass Captain Bezu Fache gleich einen Trick wittert…

Um die Verfolger zu täuschen, lässt Sophie ihr Auto vor dem Bahnhof stehen, kauft zwei Fahrkarten nach Lille und steigt mit Robert in ein Taxi. Während der Fahrt untersuchen die beiden den Schlüssel, den Sophies Großvater hinter Leonardos Felsengrottenmadonna versteckt hatte. Plötzlich entdecken sie, dass mit einem UV-Stift eine Adresse darauf geschrieben wurde: 24 Rue Haxo.

Abb. links | *Ein Zug nach Lille? Fehlanzeige!*

La Rue Haxo

Die rue Haxo existiert wirklich – aber nicht in der Nähe des Tennisstadions Roland Garros. In der Realität liegt sie im Osten von Paris im 20. Arrondissement. Und das ist kein Büroviertel, wie Dan Brown es in „Sakrileg" beschreibt, sondern ein multikulturell geprägtes Arbeiterviertel. Dementsprechend gibt es hier auch keine Bank. Die „Zürcher Depositenbank" existiert – allerdings nur im Internet unter www.randomhouse.com/cgi-bin/robertlangdon/dbz.cgi. Ihre Website ist Teil eines Interneträtsels, das von Dan Browns amerikanischem Verlag Random House als eine schöne Marketingidee erdacht wurde. Dargestellt wird sie hier als „GeldshrankeBanke". Interessant wäre es einmal zu erfahren, wie viele Dan Brown Fans mit einem Taxi tatsächlich in die Rue Haxo gefahren sind, und eine große Überraschung erlebt haben…

Abb. oben | *Schöne Sachen unter schöner Kuppel: Galeries Lafayette*

Hätten Robert und Sophie mehr Zeit gehabt …

… dann hätten sie sich sicher dies noch angeschaut:

Printemps und Galeries Lafayette

Um die Ecke des Bahnhofs befindet sich der Boulevard Haussmann mit den beiden berühmten Kaufhäusern Printemps Haussmann und Galeries Lafayette. Wer in Shoppinglaune ist, kann hier problemlos viel Zeit verbringen. Denn in den schönen Jugendstilhäusern findet man fast alles, egal ob Designer-Outfits, Schuhe oder exklusive Abendmode. Nicht zu vergessen die Parfümerieabteilungen; die der Galeries Lafayette soll angeblich die größte der Welt sein. Wer kein Geld ausgeben möchte, kommt optisch trotzdem auf seine Kosten: Wunderschön ist die farbenprächtige Glaskuppel in 70 Metern Höhe. Auf jeden Fall sollte man hier die Dachterrasse besuchen, die mit einem wunderbaren Ausblick über die Dächer von Paris lockt.

Service | Galeries Lafayette: 40 Boulevard Haussmann | Öffnungszeiten: montags bis samstags von 9.30 bis 19.30 Uhr, donnerstags bis 21 Uhr |

Printemps: 64 Boulevard Haussmann | Öffnungszeiten: montags bis samstags von 9.35 bis 19 Uhr, donnerstags bis 22 Uhr

Le Château de Villette

Das prachtvolle Château liegt auf einem 75 Hektar großen Anwesen, rund 40 Kilometer nordwestlich von Paris in der Umgebung des Schlosses von Versailles. Entworfen und erbaut wurde es von François Mansart, vollendet um 1696 von seinem Großneffen, keinem geringeren als Jules Hardouin-Mansart, dem wohl besten Pariser Baumeister seiner Zeit. André le Nôtre gestaltete den weitläufigen Garten mit den beiden Seen und einigen Brunnen.

Einfach vorbei fahren und reinschauen können wir leider nicht. Denn das Château gehört der Amerikanerin Olivia Hsu Decker. Wenn sie nicht vor Ort weilt, arbeitet sie in der Regel in Belvedere, Kalifornien, als Maklerin für zumeist prominente Kunden, die einen ebenso ausgesuchten Geschmack haben wie sie selbst: Andre Agassi, Cher, Eddie Murphy und Sharon Stone. Die High-End-Immobilienmaklerin kaufte das Schloss im Jahre 1999 und ließ es zunächst renovieren und mit kostbaren antiken Möbeln einrichten.

Das Château kann tage- oder wochenweise gemietet werden. Diverse Filme wurden hier schon gedreht, in Deutschland am bekanntesten ist wohl „Der Graf von Monte Christo" mit Gérard Depardieu.

Im Tresor der Zürcher Depositenbank finden Robert und Sophie ein Holzkästchen mit einem merkwürdigen Gegenstand: ein Kryptex. Sie können es nicht öffnen und erhoffen sich Hilfe von Sir Leigh Teabing. In einem gekaperten Geldtransporter brausen sie zu Teabings prachtvollem Château de Villette.

Abb. oben | *Noch ein Grund, Lotto zu spielen: Château de Villette*

Abb. unten | *Unter diesem Sofa lag das Kryptex*

Service | Internet: www.frenchvacation.com | E-Mail: olivia@frenchvacation.com | Telefon: 001 (415) 435 1600

Auch bei der Verfilmung des Romans „Sakrileg" sollen die entsprechenden Szenen hier am Originalschauplatz entstehen. Für die Dreharbeiten muss nicht einmal viel verändert werden, denn Dan Brown hat die Schauplätze der Handlung in seinem Buch weitgehend naturgetreu beschrieben. Es gibt den Salon mit dem Samtsofa im Renaissance-Stil, unter dem Robert das Kästchen mit dem Kryptex versteckt; auch das Nebengebäude existiert, wo der Lehrer seine Opfer abhört. Und aus dem Ballsaal Leigh Teabings Arbeitszimmer zu machen und eine Reproduktion des „Abendmahls" an die Wand zu hängen, ist nicht nur absolut legitime dichterische Freiheit, sondern sicherlich auch filmtechnisch eine leichte Übung.

Auch wer nicht Tom Hanks heißt und die Hauptrolle des Robert Langdon spielt, kann hier residieren. Insgesamt stehen 18 stilvoll eingerichtete Schlafzimmer mit eigenem Bad zahlungskräftigen Gästen aus der ganzen Welt offen. Sogar ein speziell für „Sakrileg"-Fans geschnürtes Angebot gibt es: Das „Da Vinci Code Tour" - Programm beinhaltet fünf Übernachtungen in einem der Luxus-Zimmer, Mahlzeiten, einen Lunch im Hotel Ritz in Paris, Besuche im Musée du Louvre, der Kirche Saint-Sulpice, dem Park Bois de Boulogne und der Champs-Elysées sowie eine Diskussionsrunde mit einem Historiker. Wer dieses Paket buchen möchte, muss zwischen 3.900 und 4.300 Euro investieren. Ab 2006 soll zusätzlich ein Paket mit drei Übernachtungen angeboten werden.

Auf eigene Faust: zu Fuß auf den Spuren von „Sakrileg“

Die empfohlene Tour führt zu den Schauplätzen von „Sakrileg“, nicht in der Reihenfolge der Handlung, sondern aufgrund ihrer tatsächlichen Lage. Darüber hinaus gibt es rechts und links des eigentlichen Weges noch eine Menge Schönes zu sehen.

Die Tour beginnt wie der Roman am Hotel Ritz. Wir widerstehen der Versuchung, schon jetzt einen Cocktail in der Hemingway-Bar zu trinken und schauen uns stattdessen die Place Vendôme an. Wir folgen der Rue de Castiglione, überqueren die Rue de Rivoli und betreten durch das geöffnete Eisentor den Jardin des Tuileries. Von der Mitte des Weges haben wir einen fantastischen Blick, denn hier finden wir die längste Sichtachse von Paris. Auf der einen Seite blicken wir die Champs-Elysées hinauf bis zum Triumphbogen. Auf der anderen Seite erkennen wir schon die Pyramide, die wir nun auch ansteuern. Vom Arc de Triomphe du Carrousel aus können wir abschätzen, wie lang die Schlange vor der Pyramide ist und entscheiden dann spontan, ob wir uns dort anstellen wollen oder doch besser einen der beiden Zugänge zum Louvre nehmen, die sich links und rechts des Bogens befinden. Egal welchen Weg wir wählen, wir gelangen in den großen unterirdischen Komplex unter dem Museum.

Bevor wir der Mona Lisa einen Besuch abstatten, machen wir einen Abstecher in die Einkaufspassage Carrousel du Louvre und finden an der Kreuzung die umgekehrte Pyramide. Ohne vor ihr niederzuknien, gehen wir zum Eingangsbereich des Museums zurück und versorgen uns dort mit einem Museumsplan. Gut gerüstet und voller Vorfreude betreten wir den Denon-Flügel.

Abb. rechts | *Souvenirs, souvenirs…*

Auf dem Weg in die erste Etage treffen wir die Skulptur der Nike von Samothrake, die auch ohne Kopf eine eindrucksvolle Erscheinung bietet. Noch ein paar Treppen, und wir sind am Ort des Verbrechens: der Grande Galerie. Nun gehen wir den langen Gang hinunter, immer geradeaus, bis zur Rechten der Eingang zum Salle de la Joconde auftaucht. Und da hängt sie vor uns, so klein, ganz allein an einer riesigen Wand: Die Mona Lisa! Falls wir das Bild bereits vom Eingang aus sehen können, haben wir schon viel gewonnen. Denn der Andrang vor dem Gemälde ist oft unglaublich groß. Irgendwann aber stehen wir vor ihr und blicken voller Ehrfurcht in ihre unergründlichen Augen. Die UV-Lampe aber bitte stecken lassen, ja? Danach kehren wir um und suchen die Felsengrottenmadonna in der Grande Galerie. Auch dieses Bild wird häufig von Besuchern umlagert.

Den Weg aus dem Louvre nehmen wir durch den Hauptausgang. Weiter geht's über die Pont du Carousel auf das andere Ufer der Seine. Aufgepasst, hier lauert Gefahr: Etwas weiter östlich haben die sogenannten „bouquinistes", die Buchhändler, auf vier Kilometern Länge entlang der Seine ihre Stände aufgebaut. Für alle Leseratten eine unglaubliche Verlockung, hier in den Kartons nach Schönem, Altem oder Originellem zu stöbern und darüber das Ziel unserer Tour ganz zu vergessen. Wir bleiben standhaft und biegen rechts in die Rue Bonaparte ein. Im unteren Teil der Straße und in den umliegenden Seitenstraßen sind viele Galerien ansässig, im oberen zahlreiche kleine Boutiquen.

Unser Weg führt uns weiter bis zur Place Saint-Germain-des-Prés mit der gleichnamigen Kirche. Dort befinden sich die traditionsreichen Cafés Les Deux Magots, Café de Flore und, auf der anderen Straßenseite, die Brasserie Lipp, in der die Prominenz aus Film, Wirtschaft und Politik gerne elsässische Hausmannskost verzehrt.

Nach dem Überqueren des breiten Boulevard Saint Germain folgen wir der Rue Bonaparte. Falls uns ein Albinomönch entgegen kommen sollte, machen wir besser einen Bogen. Zur Linken erblicken wir nach kurzem Weg den Platz vor der Kirche SAINT-SULPICE mit dem Brunnen.

Nach der Besichtigung der Kirche – und vielleicht noch einer kleinen Pause auf einer der Bänke, die um den Brunnen stehen – nehmen wir die Rue du Vieux Colombier, biegen die zweite Straße links in die Rue de Rennes ein und sehen schon das Schild der Metrostation Saint-Sulpice. Zu Fuß ist das nächste Ziel zu weit, daher besteigen wir hier die METRO 4 in Richtung Porte de Clignancourt.

Abb. links | *Im teuersten Viertel der Stadt: die Place Vendôme*

Abb. unten | *Liberté toujours!*

Einmal müssen wir umsteigen, und zwar an der Station Châtelet. Dort nehmen wir die Metro 1 in Richtung Grande Arche de La Défense und fahren bis zur Station Charles de Gaulle-Étoile.

Der Anblick des TRIUMPHBOGENS ist beeindruckend! Wer möchte, kann nun auf die Aussichtsplattform steigen und den Weg, den wir gleich nehmen werden, von oben ansehen. Denn danach geht es weiter die CHAMPS ELYSÉES hinunter.

Wir gehen auf der linken, belebteren Seite und schauen uns die Geschäfte an: Cartier, Mont Blanc, Louis Vuitton - die Namen kennen wir. Ein Muss ist ein Blick in die Parfümerie Sephora (Hausnummer 70-72), die Parfümerie schlechthin! Ein Paradies von Düften und Farben erstreckt sich tief in das riesige Ladenlokal hinein, die Auswahl ist gigantisch! Und auch die Öffnungszeiten: täglich von 10 bis 24 Uhr. Auch die überdimensionierte McDonald's-Filiale (Hausnummer 84) mit 550 Sitzplätzen sei erwähnt.

Während des Weges entlang der Champs Elysées bietet uns der Obelisk die Orientierung für die nächste Station: die weitläufige Place de la Concorde, die wir zielstrebig ansteuern. Vom Platz in Blickrichtung zum Triumphbogen befindet sich an der rechten Ecke am Anfang der Avenue Gabriel die Amerikanische Botschaft. Auch ohne dass Robert Langdon auf der Flucht ist, ist sie gut bewacht. Das Fotografieren des Gebäudes ist streng verboten!

Wer Lust hat, geht die Rue Boissy Anglais ein Stück hinauf. Die nächste Querstraße ist die Rue du Faubourg Saint Honoré mit ihren teuren Designerläden. Die anderen schonen ihre Füße, gehen die Metrostation Concorde hinunter und fahren mit Linie 12 in Richtung Porte de la Chapelle. Der zweite Halt ist der Bahnhof Gare Saint Lazare. Hierhin sollte man nicht mit zu hohen Erwartungen kommen: es ist schließlich ein Bahnhof. Hier endet unsere Tour zu den Schauplätzen des Romans „Sakrileg". Wer jetzt Lust hat, ausgiebig zu Shoppen, der geht mit dem Bahnhof im Rücken die Rue du Havre hinunter und biegt am viel befahrenen Boulevard Haussmann links ein, wo sich die Mega-Kaufhäuser Printemps (Nummer 64) und Galeries Lafayette (Nummer 40) befinden.

Geführte Sakrileg-Touren durch Paris

City walks of Paris

Die Agentur City Walks of Paris bietet seit 1999 geführte Touren durch die Hauptstadt an und bezeichnet sich selbst als der führende englischsprachige Veranstalter in Paris. Die Da Vinci Code Tour findet täglich außer dienstags um 10 Uhr statt, die Teilnahme kostet 25 Euro pro Person. Der Rundgang führt von der Place Vendôme zur Pyramide, zum Louvre mit der Grande Galerie und der Mona Lisa sowie durch das Viertel Saint-Germain-des-Prés zur Kirche Saint-Sulpice.

Service | Anmeldungen telefonisch unter 0033 (0) 1 56 58 10 54 oder im Internet unter www.citywalksofparis.com

Paris Photo Tours

Ein interessantes Angebot für Hobbyfotografen ist die Foto-Tour zu den Schauplätzen des Romans „Sakrileg". Die beiden Fotografinnen Linda Mathieu und Christiane Michels bieten unterschiedliche Touren durch Paris an und geben Tipps, wie man wo das schönste Foto macht. Eine gewisse Sicherheit im Umgang mit der Ausrüstung sollte der Teilnehmer schon mitbringen. Am effektivsten ist der Rundgang in einer kleinen Gruppe mit maximal acht Teilnehmern, aber auch Einzelpersonen sind willkommen. Der Preis hängt von der Dauer und der Anzahl der Teilnehmer ab. Ein individuelles Angebot wird auf Anfrage erstellt.

Service | Internet: www.parisphototours.com Telefon: 0033 (0) 1 44 75 83 80

Paris Muse

Ausschließlich auf die „Sakrileg"-Schauplätze und die relevanten Kunstwerke im Louvre konzentriert sich die zweieinhalbstündige Tour von Paris Muse.

Die Guides sind amerikanische Kunsthistoriker, die in Paris leben und arbeiten. Die „Cracking The Da Vinci Code"-Tour wird erst seit Februar 2005 angeboten und fand schon bald viele Fans. Während des zweieinhalbstündigen Rundgangs konzentriert man sich auf die Werke und das Leben Leonardos sowie die Geschichte der Maria Magdalena und das „göttlich Weibliche". Kosten: 110 Euro für eine Einzelperson, 95 Euro pro Person innerhalb einer Gruppe von bis zu vier Teilnehmern.

Service | Infos und Buchung unter www.parismuse.com.

Paris International

Mit über 100 Mitarbeitern dürfte diese Agentur eine der größten Organisationen dieser Art in Paris sein. Der Preis für Veranstaltungen wird nicht pro Person festgelegt, sondern pauschal für eine Gruppe. Die vierstündige Sakrileg-Tour kostet 400 Euro. Wer sich mit dem Auto zu den Schauplätzen fahren lassen möchte, muss dafür 1.066 Euro bezahlen. Als Einzelperson kann man sich auch einer Gruppe anschließen. Der Preis dafür beträgt 100 Euro. Alle Führungen werden bislang nur in englischer Sprache angeboten.

Service | Buchungen im Internet unter www.paris-tours-guides.com.

itravel

Wer von Deutschland aus seine Thriller-Tour nach Paris buchen möchte, wendet sich am besten an itravel. Der Kölner Spezialist für hochwertige Individualreisen bietet nicht nur einen dreistündigen Rundgang zu den Schauplätzen mit einem deutsch-sprachigen Guide an (92 Euro), sondern hat auch ausgesuchte Hotels im Angebot. Das Ganze gibt es auch als Wochenendtrip mit zwei Übernachtungen ab 238 Euro pro Person. Wer den Spuren der Romanhelden weiter nach London folgen will, wird ebenfalls bei itravel fündig.

Service | Infos und Buchung unter www.itravel.de oder 0221/5341090

Nach Paris kommen

Es gibt mehrere Möglichkeiten, nach Paris zu kommen; mit der Bahn, dem Flugzeug oder dem eigenen Auto. Bei den Angeboten der Billig-Airlines hat man nicht soviel Auswahl wie bei Flügen in viele andere europäische Metropolen. Je nach Wohnort ist eine andere Anreise zeitlich und preislich attraktiver.

Mit dem Zug

Insbesondere aus dem Westen Deutschlands ist die Anreise mit dem Zug sehr attraktiv; mit dem Thalys ist man von Köln in rund vier Stunden in Paris, von Aachen aus dauert es sogar nur etwas über drei Stunden. Zeiten und Preise im Internet unter www.thalys.com.

Mit dem Auto

Bei der Anreise mit dem eigenen Fahrzeug muss berücksichtigt werden, dass fast alle Autobahnen in Frankreich gebührenpflichtig sind. Von Nord- und Westdeutschland über Aachen durch Belgien kostet die Maut für PKW 11,60 Euro. Von Mittel- und Süddeutschland, auch Österreich fährt man über Metz (20,30 Euro).

Mit dem Flugzeug

Die französische Metropole hat zwei internationale Flughäfen. Der Aéroport Charles de Gaulle (CDG) ist der größte Flughafen Frankreichs und nach London Heathrow und Frankfurt der drittgrößte Europas. Er befindet sich ungefähr 26 Kilometer nordöstlich vom Zentrum und wird vor allem von den großen Linienmaschinen angeflogen.

Folgende Airlines fliegen Charles de Gaulle direkt an:

Lufthansa, Air France, Austrian Airlines, Swiss International Airlines, Air Berlin (von Wien, Zürich), easyJet (von Dormund), Germanwings (von Köln).

Der zweite Flughafen ist der Aéroport Orly (ORY), 14 Kilometer südlich von Paris gelegen. Hier starten und landen überwiegend

Inlandsflüge. Für deutsche Touristen interessant ist eine Billig-Airline: easyJet (von Berlin-Schönefeld, Genf) www.easyjet.de

Vom Flughafen in die Stadt

Taxifahrten von den Flughäfen in die Innenstadt sind ziemlich teuer. Sie kosten ab 36 Euro vom Flughafen Charles de Gaulle und rund 25 Euro von Orly – flüssiger Verkehr vorausgesetzt. Deutlich preiswerter und oft auch schneller sind da die öffentlichen Verkehrsmittel. Eine vollständige Übersicht erhält man im Internet auf der Webseite der beiden Pariser Flughäfen (www.adp.fr).

Charles de Gaulle

Der schnellste Weg, um in die City zu kommen, ist der mit der S-Bahn. Die RER-Schnellzuglinie B verkehrt zwischen dem Flughafenbahnhof in Terminal 2 und dem Bahnhof Gare du Nord und weiteren Stationen täglich zwischen 5 Uhr und ca. 24 Uhr im 15-Minuten-Takt.

Die Linie 2 der Air-France-Busse bringt die Ankommenden von 5.45 bis 23 Uhr alle 15 Minuten zur Place de L'Etoile. Abfahrtsort ist Terminal 2, der Preis beträgt 10 Euro. Wer in den Süden der Stadt muss, nimmt die Linie 4. Für 11,50 Euro kommt man zu den Stationen Montparnasse oder Invalides. Diese Busse verkehren von 7 bis 21.30 Uhr. Daneben gibt es den Roissybus, der für die Fahrt bis zur Oper 45 Minuten benötigt. Er fährt in 15- bis 20-minütigem Abstand in der Zeit von 5.45 bis 23 Uhr und kostet 8,20 Euro.

Orly

Orly hat einen Bahnhof, der durch RER-Schnellzuglinien mit dem Pariser Zentrum verbunden ist.Vom Flughafen gelangt man mit Shuttle-Bussen zum Bahnhof. Hier besteigt man den RER C, der verschiedene Ziele in Paris anfährt. Die Fahrt dauert rund 25 Minuten, der Preis beträgt 5,50 Euro. Die S-Bahn verkehrt von 6 bis 23 Uhr alle 15 Minuten.

Daneben gibt es mehrere Busverbindungen. Zum Beispiel kann man mit dem Air France Bus von Orly zum Gare Montparnasse fahren (zwischen 6 und 23 Uhr, alle 12 Minuten, 7,70 Euro), oder mit dem günstigen Orly-Bus zur Station Denfert-Rochereu (zwischen 5.35 und 23 Uhr, alle 15 bis 20 Minuten 5,70 Euro). Eine schnelle Alternative ist der Jetbus. Er fährt von Orly zur Metrostation Villejuif-Louis Aragon, wo Anschluss an die Metrolinie 7 besteht (zwischen 6.23 und 22.50 Uhr, alle 15 Minuten, 5,15 Euro).

DIE SAKRILEG-TOUR DURCH LONDON

FLEET STREET

Die Fleet Street erhielt ihren Namen durch den Fleet River, den größten der unterirdischen Flüsse Londons. Dieser enspringt in der im Norden Londons gelegenen Parklandschaft Hampstead Heath und mündet unter der Blackfriars Brücke in die Themse.

Fleet Street war einst das Synonym für die Zeitungslandschaft Englands. Im Jahr 1702 erschien hier Londons erste Tageszeitung namens „The Daily Courant". Die Lage zwischen der City und dem Regierungsviertel Westminster, war für die Journalisten ideal. Daher siedelten sich im Laufe der Zeit mehr und mehr Zeitungen hier an. Bis zum Ende des 20. Jahrhunderts blieb die Fleet Street das Zentrum der englischen Presse. Inzwischen sitzen Verlage und Druckereien in den billigeren Docklands, die ehemaligen Verlagshäuser wurden zu Bürogebäuden umfunktioniert. Teilweise stehen sie auch leer, so wie das ehemalige Daily Express Gebäude. Das schöne Art-Déco-Bauwerk aus den 30er Jahren des letzten Jahrhunderts bewahrt mit seiner Architektur aus schwarzem Glas und Chrom die Erinnerung an vergangene Zeiten.

Dort, wo die Fleet Street in die Straße „Strand" übergeht, steht ein geflügelter Drache inmitten des Verkehrs. Er markiert die offizielle Grenze zwischen Westminster und der City of London.

Robert Langdon und Sophie fliehen vor der französischen Polizei in Teabings Privatjet über den Ärmelkanal und landen auf dem London Biggin Hill Airport, einem Privatflughafen für Geschäftsreisende, rund 20 Kilometer südöstlich von London gelegen. In der Luft gelingt es ihnen, das Kryptex zu öffnen. Aber anstatt nun des Rätsels Lösung in Händen zu halten, stoßen sie auf ein weiteres Kryptex mit einem neuen Rätsel. Teabing glaubt darin einen Hinweis auf die Temple Church zu erkennen, die in der Nähe der Fleet Street liegt.

Abb. links | *London, 9.10 Uhr. Noch ist das Geheimnis ungelöst.*

Ursprünglich stand hier ein von Sir Christopher Wren errichteter Bogen, der Temple Bar. Am Ende des 19. Jahrhunderts war das Verkehrsaufkommen hier bereits so stark, dass die Straße verbreitert werden musste. Der Bogen wurde abgebaut, nicht ohne jeden Stein vorher einzeln zu nummerieren. Ein Privatmann kaufte die Steine und baute den Bogen auf seinem Landsitz wieder auf. Inzwischen ist er jedoch wieder nach London zurückgekehrt: im November 2004 fand er seinen Platz auf dem Paternoster Square nahe der St. Paul's Cathedral.

Abb. oben | *Art Déco: Das Daily Express Gebäude*

Abb. rechts | *Der Schauplatz manchen Rosenkrieges*

Abb. unten | *Hier fließt das Ale seit 1538*

Hätten Robert und Sophie mehr Zeit gehabt …

… dann hätten sie sich sicher dies noch angeschaut:

Ye Olde Cheshire Cheese

Einen Besuch wert ist das älteste Gasthaus Londons, Ye Olde Cheshire Cheese. "Rebuilt 1667" steht auf dem Türschild. Bereits 1538 stand hier ein Pub, welcher allerdings dem großen Brand im Jahre 1666 zum Opfer gefallen ist. Neben dem Eingang hängt eine Tafel mit den Namen der 16 Monarchen, die seit dem Wiederaufbau auf Englands Thron saßen. Die Inneneinrichtung ist aus dunklem Eichenholz gefertigt, überall sind etliche gemütliche Ecken und Winkel. Hier haben schon Charles Dickens und Mark Twain das eine oder andere Bier getrunken und am Kaminfeuer gesessen. Fast meint man, seitdem hätte sich hier nicht viel verändert.

Service | Adresse: 145 Fleet Street, Wine Office Court, London EC4A 2BU; Tel.: 0044 (0) 20 7353 6170 | Öffnungszeiten der Bar: montags bis samstags von 11.30 bis 23 Uhr, sonntags von 12 bis 15 Uhr

Royal Courts of Justice

Der Royal Courts of Justice ist das größte Zivilgericht Englands. Das eindrucksvolle Gebäude wirkt älter als es tatsächlich ist: Erst 1882 wurde der Gerichtshof von Königin Victoria eröffnet. Besucher haben Zugang zu allen 88 Gerichtssälen und können sogar kommen und gehen wie es ihnen gefällt. Allerdings sollte dieses schon dezent geschehen, denn bei der Urteilsverkündung sollte man den Richter nicht stören. Fraglich ist, ob es wirklich so interessant ist, bei den Scheidungen wildfremder Menschen dabei zu sein, denn die wirklich spannenden Kriminalfälle werden am Old Bailey verhandelt.

Service | Adresse: Royal Courts of Justice, Strand, London, W.C. 2 | Öffnungszeiten: montags bis freitags von 9.30 bis 16.30 Uhr, kein Zutritt mit Kamera

Temple Church

Biegt man von der Fleet Street in eine der kleinen Gassen ab, so findet man sich urplötzlich in einer anderen Welt wieder. Die Ruhe im kleinen Viertel Temple birgt eine wohltuende Erholung vom Lärm des Londoner Verkehrs. Auch Leute von Film und Fernsehen haben den Charme dieser Straßen längst erkannt und drehen hier gerne, meistens jedoch abends oder am Wochenende.

In der Inner Temple Lane steigen Robert, Sophie und Teabing aus ihrem Jaguar und gelangen durch ein paar Gassen zur Temple Church. Hier vermuten sie den „Ritter, den ein Papst begraben“ (Seite 351).

Bereits seit dem 13. Jahrhundert ist hier die Kaderschmiede für Englands renommierteste Juristen. Temple stellt zwei der vier in London beheimateten „Inns of Court“: Middle Temple und Inner Temple. Englands Rechtssystem unterscheidet zwischen zwei Arten von Anwälten.

Abb. oben | *Inner Temple: Zuhause vieler Juristen*

Abb. unten | *Fast 900 Jahre ungelöste Geheimnisse*

Der „Solicitor" ist normalerweise die erste Anlaufstelle für jemanden, der rechtlichen Beistand braucht. Er berät seinen Mandanten, bereitet den Prozess vor, tritt aber meist nur vor den unteren Gerichten selbst als Verteidiger auf. Kommt es zum Prozess, wird ein „Barrister" eingeschaltet. Dieser hat in der Regel keinen direkten Kontakt mit dem Mandanten, sondern bekommt vom Solicitor die Unterlagen, vertritt den Fall vor dem Richter, führt die Verhöre und Kreuzverhöre und hält das Plädoyer. Das sind die Herren mit Perücke und Robe, die wir aus den Filmen kennen. Nach alter Tradition muss jeder, der in England vor einem höheren Gericht als „Barrister" auftreten will, in einem der vier Inns of Court Mitglied werden. Die Inns sind abgeschlossene Gemeinwesen mit Seminarräumen, Bibliotheken und einer Halle als gesellschaftlichem Mittelpunkt, in der auch zusammen die Mahlzeiten eingenommen werden. An vielen Gebäuden fallen uns die großen Tafeln mit einer Vielzahl von Namen auf. Damit es nicht so weit bis zum Gerichtssaal ist, wohnen und schlafen die Anwälte in spe gleich hier.

Service | Adresse: The Temple Church, Temple, London EC4Y 7BB | Öffnungszeiten: Generell mittwochs bis sonntags von 10 bis 16 Uhr. Jedoch ändern sich die Zeiten oft. Um sicher zu gehen, dass die Türen bei einem Besuch nicht verschlossen sind, kann vorher beim Küster Brian Nicholson nachgefragt werden: Telefon 0044 (0) 20 7353 3470, verger@templechurch.com

Abb. rechts |
Keine „Ritter, die ein Papst begraben"

Abb. unten |
Eher einer zuviel, als ein fehlender Ritter!

Hier war das englische Hauptquartier der Tempelritter, daher leitet sich auch der Name „Temple" ab. Die Temple Church ist das älteste Gebäude auf dem Gelände, die Bauarbeiten begannen im Jahr 1160. Das runde Kirchenschiff wurde nach dem Vorbild der Grabeskirche in Jerusalem erschaffen – mit „pantheonisch-heidnischer" Architektur (S. 353) hat das rein gar nichts zu tun. Im Jahr 1185 wurde die Rundkirche fertig gestellt und vom Patriarchen Jerusalems geweiht. Der rechteckige Altarraum kam erst Mitte des 13. Jahrhunderts hinzu. Nachdem der Orden der Templer am Anfang des 14. Jahrhunderts zerschlagen war, übernahm der Englische König die Herrschaft über das gesamte Gelände und verpachtete es an die beiden Inns of Courts, denen die Nutzung „auf ewig" im Jahre 1608 zugesagt wurde.

In der Nacht des 10. Mai 1941 (nicht 1940, wie Dan Brown schreibt) wurde die Kirche durch die Bomben der deutschen Luftwaffe schwer getroffen. Vom Dach des runden Kirchenschiffes breiteten sich die Flammen rasch aus, so dass das gesamte Holzwerk im Inneren zerstört wurde. Der Wiederaufbau dauerte lange; erst im März 1954 konnte die Kirche wieder geweiht werden.

Auch die steinernen Ritter, die im Rundbau liegen, haben unter den Bomben gelitten. Wie im Roman „Sakrileg" der Messdiener unsere Gralssucher aufklärt, handelt es sich nicht um Gräber, sondern um Kenotaphe – Grabdenkmäler, die zum Gedenken an einen an anderer Stelle beigesetzten Verstorbenen errichtet wurden. Natürlich gibt es auch keinen fehlenden Ritter, denn es waren nie mehr als neun Figuren, die zehnte Platte war schon immer leer. Beobachtet werden sie bei ihrer Suche von steinernen Gesichtern, die sich ringsherum an der Wand befinden. Schön zu sehen, welche unterschiedlichen Grimassen die Kerle schneiden.

Zahlreiche Mythen und Legenden ranken sich um den „Orden der armen Ritter Christi und des Tempels Salomon“, uns besser bekannt als Tempelritter oder Templer. Spekulationen, ob sie tatsächlich mit dem Gral im Gepäck aus dem heiligen Land zurückgekehrt sind, überlassen wir anderen. Tatsache ist, dass sie eine der mächtigsten und geheimnisvollsten Organisationen aller Zeiten sind.

Um 1118 gründete der französische Adlige Hugo de Payens zusammen mit acht anderen Rittern den Orden als Begleitschutz für die Pilger im heiligen Land. Jerusalem war zwar nach dem ersten Kreuzzug (1099) in christlicher Hand, aber Wegelagerer machten die Wege von der Küste nach Jerusalem unsicher. Insofern kam König Balduin II. von Jerusalem das Angebot der Ritter, die Pilgerwege zu schützen, sehr recht. Als Unterkunft überließ er ihnen einen Flügel seines Palastes, der angeblich auf den Grundmauern des Tempels von Salomon stand. Daher also der Name „Templer“.

Hugo von Payens brach 1127 zu einer Reise nach Europa auf. Mit Erfolg: Die Tempelritter wurden auf dem Konzil von Troyes (1128) vom Papst als erster Mönchs- und Ritterorden in der christlichen Geschichte bestätigt. Hugo de Payens wurde der erste Großmeister. Wie aber waren Beten und Töten miteinander zu vereinbaren? Auch dafür fand man eine Lösung: Wer einen Ungläubigen tötete, der den christlichen Glauben bekämpft, sollte nicht nur die Vergebung der Kirche für die Sünde des Tötens, sondern als Belohnung obendrein auch noch eine Eintrittskarte ins Paradies erhalten.

Derart legitimiert, wuchs der Templerorden jetzt rasch an. Junge Adlige aus allen Teilen Europas traten dem Orden bei. Obwohl die Mönchsritter ein Armutsgelübde ablegten, verfügte der Orden selbst von Anfang an über große finanzielle Mittel, denn jeder Ritter, der beitrat, überschrieb dem Orden all seine Besitztümer. Die Templer entwickelten sich so zu den wichtigsten Bankiers der damaligen Zeit, und auch die Königshäuser Europas gerieten in ihre finanzielle Abhängigkeit.

Papst Innozenz II. gewährte den Templern 1139 viele Freiheiten. Vor allem verfügte er, dass sie nur noch ihm Gehorsam schuldeten. Das machte sie weitgehend unabhängig von weltlichen Mächten. Überall im Heiligen Land besaßen die Templer ihre Stützpunkte. Verschiedene europäische Mächte vermachten dem Orden zudem Grundstücke, Schlösser und Lehen, vor allem in Frankreich und England.

Ab dem Jahre 1146 trugen die Tempelritter das berühmte achtspitzige rote Kreuz, das sogenannte Tatzenkreuz. Es wurde auf weißen Mänteln an der Stelle des Herzens angebracht. Zunehmend weniger erfolgreich blieben die Tempelritter auf ihren Feldzügen ins Heilige Land. Zug um Zug wurde eine Kreuzfahrerstadt nach der anderen von den Muslimen zurückerobert. Im Jahre 1291 fiel trotz heftigster Gegenwehr Akkon, die letzte Festung der Christen im Heiligen Land. Die Templer zogen sich nach Zypern zurück. Aber nun hatten sie ihre ursprüngliche Aufgabe verloren.

Viele Bischöfe und Landesoberhäupter sahen in ihrer Macht inzwischen eine Gefahr. Frankreichs König Philipp IV., genannt der Schöne, der bei den Templern hoch verschuldet war, gierte es nach den Schätzen. Im Morgengrauen des 13. Oktober 1307 ließ Philipp alle Tempelritter in Frankreich verhaften und ins Gefängnis werfen. Sie wurden beschuldigt, einen Götzen namens Baphomet angebetet zu haben, Kinder ermordet, untereinander homosexuelle Beziehungen gepflegt und das Kreuz bespuckt zu haben.

Als Beweis für die Homosexualität beispielsweise musste das Siegel des Ordens herhalten. Es zeigt zwei Ritter auf einem Pferd und galt eigentlich als Zeichen für Brüderlichkeit und Armut. Etwas weit hergeholt… Unter der Folter dann gestanden zahlreiche Gefangene die Anklagen. 1312 löste Papst Clemens V. den Orden offiziell auf. Der letzte Großmeister der Templer, Jacques de Molay, starb zwei Jahre später auf dem Scheiterhaufen in Paris.

Allerdings ging König Philipps Plan nicht auf: Die unermesslichen Schätze der Templer waren spurlos verschwunden, ebenso wie die meisten ihrer Aufzeichnungen. Das offizielle Ende des Ordens wurde zwar besiegelt, doch ein großer Teil seiner Mitglieder überlebte. Denn nur in Frankreich wurde der Urteilsspruch konsequent umgesetzt, in den meisten anderen Ländern konnten zahlreiche Anhänger des Ordens untertauchen. In England beispielsweise genossen sie hohes Ansehen und entsprechenden Einfluss auf die Politik. Doch der Verbleib der sagenhaften Schätze des Templerordens bleibt bis heute ein Rätsel.

Abb. unten | *Horse-Sharing auf Templer-Art*

Hätten Robert und Sophie mehr Zeit gehabt …

… dann hätten sie sich sicher dies noch angeschaut:

Middle Temple Hall

Eine Attraktion des Viertels ist die Middle Temple Hall, heute genutzt als Speisesaal und Versammlungsraum. Das Gebäude mit der roten Ziegelfassade wurde zwischen 1562 und 1573 erbaut, und hat mehr als 400 Jahre fast unverändert überstanden. Die fast 20 Meter hohe Decke besteht aus doppelten Eichenbalken. Auch die geschnitzten Wandverkleidungen zeugen von allerfeinster Handwerkskunst. Der knapp neun Meter lange, quer stehende Tisch am Ende des Saals ist für die Senior-Mitglieder vorbehalten. Er wurde aus einem einzigen Eichenstamm aus Windsor Forest hergestellt, der dem Court von Queen Elizabeth I. geschenkt wurde.

King's College

Schnell wird Robert, Sophie und Teabing klar, dass sie in der Temple Church am falschen Ort suchen. Plötzlich tauchen der Albinomönch Silas und Teabings Butler Rémy auf. Sie nehmen das Kryptex an sich und Teabing als Geisel. Um herauszufinden, was es mit dem Rätsel auf sich hat, eilen Robert und Sophie in die U-Bahn und fahren zum Kings College, wo sie Hilfe von einer freundlichen Bibliothekarin erhalten.

Die U-Bahn zu benutzen, ist unnötig; das Kings College liegt in Laufweite, nur wenige Minuten von Temple entfernt. Und was das „schmutzige Labyrinth der unterirdischen Gänge“ (S. 379) betrifft, durch das die beiden gelaufen sein wollen: Die Station „Temple“ ist eine der Stationen ohne lange Gänge. Zum Bahnsteig geht man einfach ein paar Stufen hinunter. Und auch Drehgitter gibt es seit über einem Jahrzehnt nicht mehr in Londons U-Bahnen …

Das King's College ist eines der beiden ältesten Colleges der University of London. Gegründet wurde es im Jahre 1829. An den verschiedenen Fakultäten studieren heute fast 20.000 Studenten aus dem In- und Ausland. Das „Forschungsinstitut für systematische Theologie“ ist hier beheimatet; eine Gruppe von Wissenschaftlern trifft sich in einem Seminarraum im Cresham Building in der Surrey Lane. Der achteckige Lesesaal der Maughan Bibliothek, von dem im Roman „Sakrileg“ die Rede ist, existiert ebenfalls, aber nicht hier, sondern im Universitätsgebäude in der Chancery Lane. Für Besucher ist er nicht zugänglich.

Abb. oben | *Unter den Augen der Queen*

St. James's Park

Der älteste der Königlichen Parks in London ist umgeben von gleich drei Palästen, und zwar Westminster Palace, St. James's Palace und dem bekanntesten von allen, dem Buckingham Palace. König Henry VIII. ließ hier 1532 zu seinem Privatvergnügen ein Jagdgehege anlegen. Er war es auch, der den St. James's Palast als Jagdschloss errichtete. Unter Charles II. wurde der Park komplett umgestaltet und erstmals für die Öffentlichkeit zugänglich. Rasenflächen wurden angelegt und Bäume gepflanzt. Weitere 200 Jahre später, zusammen mit dem Umbau des Buckingham Palastes im Jahre 1828, wurde der Park abermals verändert. Nun wurde er zu der schönen Anlage, die heute noch existiert. Zu Recht bezeichnet man ihn auch als „den königlichsten der königlichen Parks". Nicht nur die Londoner genießen es, im Park spazieren zu gehen; auch die zahlreichen Enten, Schwäne, Gänse, Möwen und Pelikane scheinen sich hier wohl zu fühlen. Die heute auf Duck Island, der kleinen Insel im See, lebenden Pelikane sind in der Tat Nachfahren der Vögel, die einst als Geschenk des russischen Botschafters in London eine Heimat fanden.

Während Robert Langdon und Sophie noch eifrig im Computer des King's College stöbern, beseitigt der Lehrer hier unauffällig Teabings Butler Rémy, den Einzigen, der seine wahre Identität kennt.

Abb. oben | *Der einzige Zeuge?*

Westminster Abbey

Es ist kaum vorstellbar, dass an jenem regnerischen Apriltag, als Robert und Sophie hier eintrafen, die Kirche fast menschenleer gewesen sein soll. Schließlich gilt Westminster Abbey, mit vollem Namen „The Collegiate Church of St. Peter, Westminster" als eine der bekanntesten Sehenswürdigkeiten der englischen Hauptstadt. Sie ist nicht nur ein architektonisches Meisterwerk und Museum der Britischen Geschichte, sondern auch Schauplatz königlicher Festlichkeiten, Gedenkstätte, und - nicht zu vergessen - schließlich auch ein Ort zum Beten. Bemerkenswert: Die Kirche gehört zur britischen Krone und ist keiner Konfession zugeordnet.

Bereits im 7. Jahrhundert soll hier eine kleine Kirche gestanden haben. 1065 ließ König Eduard der Bekenner neben der Abteikirche eine große Kirche errichten. Der größte Teil der heutigen Abbey im gotischen Stil entstand unter Heinrich III. zwischen 1245 und 1272. In den folgenden Jahrhunderten erhielt das Bauwerk zahlreiche An- und Umbauten, zuletzt die beiden Westtürme im Jahre 1745. Trotz der langen Bauphase, die sich über 500 Jahre hinzog, wirkt die Kirche sehr harmonisch.

Seit fast eintausend Jahren ist Westminster Abbey die Krönungskirche der englischen Königinnen und Könige. Bis auf zwei Ausnahmen wurden alle Monarchen in dieser Zeit hier gekrönt – 38 an der Zahl. William der Eroberer war im Jahre 1066 der erste, Queen Elizabeth II., gekrönt am 2. Juni 1953, die bis dato letzte Regentin. Bis Mitte des 18. Jahrhundert wurden hier auch die englischen Monarchen beigesetzt, und so finden sich hier die Gräber von bedeutenden Herrschern.

Im Computer des King's College stoßen Robert und Sophie auf eine neue Spur: „A Pope" steht nicht für einen Papst, sondern für den Schriftsteller Alexander Pope. Und dieser soll bei der Begräbnisfeier Sir Isaac Newtons, der einst zum „Ritter" geschlagen worden war, eine Rede gehalten haben. Das Grabmal Newtons befindet sich in der Westminster Abbey.

Abb. rechts | *Das Grab Newtons*

Abb. unten | *Die Westfassade des Weltkulturerbes*

Unbedingt sehenswert in diesem Zusammenhang ist die prachtvolle Kapelle mit dem Grab Heinrichs VII. (Lady Chapel). In seiner Nähe liegen auch Elizabeth I., Maria I. und Maria Stuart begraben.

Mehr als dreitausend Gedenktafeln erinnern an nationale Berühmtheiten, die aber nur zum Teil auch hier begraben liegen. Staatsmänner wie Winston Churchill, William Pitt und William Gladstone, Wissenschaftler und Forscher wie David Livingstone und Charles Darwin, um nur einige zu nennen. In der bekannten Poets' Corner, der Dichterecke im südlichen Kirchenschiff, finden wir die Namen von William Shakespeare, Samuel Johnson, Charles Dickens, Rudyard Kipling, T.S. Eliot, Oscar Wilde und John Milton, auch die Gräber des Komponisten Georg Friedrich Händel und des Schauspielers Laurence Olivier. Unübersehbar ist die mit roten Blumen umrahmte große schwarze Marmorplatte. Sie erinnert an tausende von Soldaten, die im Ersten Weltkrieg den Tod fanden. Für sie steht hier keine Gedenktafel, aber unvergessen wird sie vielen Menschen dennoch bleiben: Lady Diana, die Prinzessin von Wales. Der Trauergottesdienst für sie am

Service | Westminster Abbey, 20 Dean's Yard Westminster Abbey London SW1P 3PA | Internet: www.westminster-abbey.org | Eintritt 10 GBP | Öffnungszeiten: montags bis freitags von 9.30 bis 15.45 Uhr, mittwochs von 9.30 bis 18 Uhr, samstags von 9.30 bis 13.45 Uhr. Sonntags finden keine Führungen, sondern nur Gottesdienste statt.

6. September 1997 fand ebenfalls hier statt. Das gesuchte Grabmonument des „Ritters" Sir Isaac Newton finden wir direkt vor der Chorschranke, die das Kirchenschiff vom Chor trennt. Es besteht aus weißem und grauem Marmor und wurde geschaffen vom Bildhauer Michael Rysbrack nach dem Entwurf des Architekten William Kent. Über dem Sarg findet man die Statue von Newton in historischem Gewand, wie er sich auf mehrere Bücher stützt, die seine großen Werke symbolisieren. Die Inschrift auf dem schwarzen Marmorsarg lautet übersetzt: „Hier liegt das, was von Isaac Newton sterblich ist." Bei Newtons Begräbnis waren in der Tat zahlreiche bedeutende Persönlichkeiten anwesend – Alexander Pope allerdings nicht. Erst im Jahre 1731, vier Jahre nach dem Tode Newtons wurde das Monument aufgestellt, zu dem er folgenden bekannten Epitaph beisteuerte: „Nature and nature's laws lay hid in night; God said 'Let Newton be' and all was light." Übrigens: Die sehr nette Pressesprecherin der Westminster Abbey heißt Jackie Pope…

Hätten Robert und Sophie mehr Zeit gehabt …

… dann hätten sie sich sicher dies noch angeschaut:

Fassadenschmuck an der Westminster Abbey

Eine zeitgemäße Geisteshaltung erkennen wir an der Westfassade der Westminster Abbey, wo der erstaunte Besucher zehn Figuren bewundern kann: Sie sind Märtyrer des 20. Jahrhunderts. Erst 1998 wurden die Statuen enthüllt. Die von den Nationalsozialisten ermordeten Geistlichen Maximilan Kolbe (links außen) und Dietrich Bonhoeffer (7. von links) sind dort ebenso zu sehen wie Martin Luther King (5.) und Oskar Romero aus El Salvador (6.). Eine wirklich schöne Idee, ferne und jüngere Vergangenheit auf diese Art zu verbinden!

Das Kapitelhaus

Das Kapitelhaus wurde Mitte des 13. Jahrhunderts fertig gestellt und gilt als eines der größten in ganz England. Der Raum besitzt eine achteckige, steinerne Grundfläche mit einer einzigen Säule in der Mitte, von deren Spitze sich ein schirmartiges Dach über den Raum spannt. Anfangs kamen hier die Mönche jeden Morgen nach der Frühmesse zu Lesungen und Beratungen zusammen. Später trafen sich auch die Mitglieder des Parlaments im Kapitelhaus, bevor sie im Jahr 1395 auf die andere Straßenseite in den Westminster Palast zogen. Ob das Sitzen auf den Steinbänken an der Wand wohl bequem gewesen sein mag? An den Wänden sind noch mittelalterliche Fresken zu erkennen, die schönen ursprünglichen Bodenfliesen wurden bei einer Restaurierung Ende des 19. Jahrhunderts freigelegt. Eine Absperrung verhindert das Betreten der Fliesen. Wäre auch zu schade, wenn ein Kryptex darauf fallen und sie beschädigen würde.

Eines ist allerdings unmöglich: Vom Inneren des Kapitelhauses hinaus in den Klostergarten auf die Obstbäume zu schauen. Wie aber konnte sich Robert Langdon dann zu dem Lösungswort „Apfel“ inspirieren lassen? Auch eine dieser Fragen die wohl unbeantwortet bleiben werden…

Robert und Sophie untersuchen das Monument Newtons nach dem entscheidenden Hinweis, um das zweite Kryptex zu öffnen. Plötzlich entdecken sie auf dem Deckel des Sarkophages die Aufforderung, in das Kapitelhaus zu gehen. Dort angekommen, stellen sie entsetzt fest, wer hinter all den Morden steckt!

Abb. oben | *Schauplatz einer bitteren Erkenntnis: das Kapitelhaus*

Abb. links | *Sie starben für ihre Überzeugung*

Abb. oben | *Die berühmte Glockenmelodie stammt aus Händels „Messias“*

Hätten Robert und Sophie mehr Zeit gehabt …

… dann hätten sie sich sicher dies noch angeschaut:

Big Ben

Schräg über die Straße am Ufer der Themse befindet sich das Wahrzeichen Londons schlechthin: der Big Ben. Viele Menschen verbinden den Namen Big Ben mit dem fast 100 Meter hohen Turm und dessen riesiger Uhr. Eigentlich heißt aber nur die über 13 Tonnen schwere Glocke mit ihrem tiefen Ton Big Ben. Der offizielle Name des Turms ist St. Stephan's Tower oder einfach The Clock Tower (Uhrturm). Der Name Big Ben ist vermutlich angelehnt an Sir Benjamin Hall. Er war Baubeauftragter der Stadt London, als die Glocke im Jahre 1858 installiert wurde und soll eine sehr, sehr rundliche Statur gehabt haben.

Service | Adresse: Palace of Westminster, Westminster, London SW1A 0AA | Internet: www.parliament.uk

The Houses of Parliament

Der Turm gehört zum Komplex des Westminster Palace, besser bekannt als The Houses of Parliament. Hier sitzen das Oberhaus und das Unterhaus, oder wie die Briten sagen, „the House of Lords and the House of Commons“. Der Besuchereingang befindet sich im Victoria Tower, gegenüber von Big Ben am entgegengesetzten Ende des Komplexes.

The National Gallery

Das Ölgemälde der „Madonna in der Felsengrotte“ ist nur eines von vielen Meisterwerken, die in der National Gallery ausgestellt sind. In einer der bedeutendsten Gemäldegalerien der Welt befinden sich über 2.300 Bilder aus den verschiedenen Perioden von 1250 bis 1900. Die Namen der hier ausgestellten Künstler lesen sich wie das Who is who der europäischen Kunstgeschichte: Raffael, Michelangelo, Rubens, Rembrandt, van Gogh, um nur einige zu nennen.

Als im Jahre 1824 der Grundstein der National Gallery gelegt wurde, lautete das Ziel: allen Bevölkerungsschichten, und nicht nur den Privilegierten, sollten die schönen Künste zugänglich gemacht werden. Ein Grundsatz ist daher bis heute, dass der Besucher kein Eintrittsgeld zu entrichten hat. Im Jahr 1833 wurde das Gebäude der National Gallery an der Nordseite des zentral gelegenen Trafalgar Square fertig gestellt. Über die Jahre wuchs die Sammlung zusehends, und weitere Gebäudeteile kamen hinzu. Im Juli 1991 eröffnete die Queen den Sainsbury Wing, in dem sich Werke aus der Zeit zwischen 1250 und 1500 befinden. Leonardo Da Vincis „Virgin on the Rocks“ befindet sich ebenfalls in diesem Flügel, und zwar in Raum 51.

Robert Langdon bezeichnet sie als die „entschärfte“ Version der Felsengrottenmadonna: Leonardo Da Vincis zweite Version der Virgin on the Rocks.

Service | Adresse: The National Gallery, Trafalgar Square, London WC2N 5DN. | Internet: www.nationalgallery.org.uk | Öffnungszeiten: täglich von 10 bis 18 Uhr (mittwochs bis 21 Uhr) Kostenlose Führungen täglich um 11.30 und 14.30 Uhr sowie mittwochs um 18.30 Uhr. Treffpunkt am Informationsschalter im Sainsbury Wing.

Abb. links | *Das Zuhause der Virgin on the Rocks*

Hätten Robert und Sophie mehr Zeit gehabt …

… dann hätten sie sich sicher dies noch angeschaut:

Abb. oben | *Londoner Leben zu Füßen des Lord Nelson*

Trafalgar Square

Ein eindrucksvolles Zeugnis der Epoche, in der das Empire fast ein Viertel der Welt beherrschte, ist der Trafalgar Square. In der Mitte des Platzes thront in über 50 Metern Höhe die Statue von Horatio Nelson, dem größten britischen Admiral aller Zeiten. Im Jahr 1805 hatte er im Süden Spaniens bei Trafalgar die Napoleonische Flotte vernichtend geschlagen und dadurch Großbritannien für die nächsten 100 Jahre die unumschränkte Vormachtsstellung auf den Weltmeeren gesichert. Er selbst musste in der Schlacht sein Leben lassen. Das Denkmal zu seinen Ehren wurde im Jahre 1842 auf den Sockel gehoben. Heute ist Trafalgar Square hauptsächlich ein wichtiger Verkehrsknotenpunkt in London. Alle wichtigen Buslinien fahren hier vorbei. Der Platz selbst ist ein beliebter Treffpunkt für Demonstranten, Fußballfans und – die leidigen Tauben. Um der Plage Herr zu werden, hat der Londoner Bürgermeister nicht nur ein Tauben-Fütterungsverbot für Touristen verhängt, sondern setzt außerdem abgerichtete Falken ein. Mit Erfolg: Während früher bis zu 4.000 Tauben den Platz besetzten, werden heute nur noch rund 200 gesichtet.

Auf eigene Faust: zu Fuß auf den Spuren von „Sakrileg“

Die empfohlene Tour führt zu den Schauplätzen von „Sakrileg“, nicht in der Reihenfolge der Handlung, sondern aufgrund ihrer tatsächlichen Lage. Darüber hinaus gibt es rechts und links des eigentlichen Weges noch eine Menge Schönes zu sehen.

Wir starten die Tour am Ludgate Circus, wo die Fleet Street beginnt. Sie ist mit der U-Bahn (Station Blackfriars oder St. Paul's) sowie mit zahlreichen Buslinien gut zu erreichen. Von dort gehen wir die Fleet Street auf der rechten Straßenseite hinunter. Unser erstes Ziel ist einer der vielen alten Pubs auf der Fleet Street, der Ye Olde Cheshire Cheese, den man durch den Wine Office Court erreicht. Da wir aber noch einen weiten Weg vor uns haben, erlauben wir es uns nicht, hier zu versacken, sondern folgen der Fleet Street, vorbei am ehemaligen Daily Express Building mit seiner schönen Art-Déco-Fassade aus schwarzem Glas. In Höhe des geflügelten Drachens, der mitten auf der Straße wacht, wenden wir uns nach links und sehen das schöne Torhaus aus dem 17. Jahrhundert, das in die Welt des Temple führt. Wir überqueren die Straße, aber bevor wir durch das Tor schreiten, werfen wir noch einen schnellen Blick auf die beeindruckende Fassade des Royal Courts of Justice. Der Weg durch das Torhaus führt uns direkt zur Temple Church. Wenn sie geöffnet ist, sehen wir uns natürlich die Kenotaphe der Ritter an. Fotografieren ist hier übrigens erlaubt, fairerweise sollte man aber eine kleine Spende dafür geben.

Abb. rechts | *Der Eingang zum Temple*

Abb. links | *Hier speist der Jurist*

Danach streifen wir ein wenig durch die Gassen und zahlreichen Innenhöfe und genießen die Atmosphäre hier. Mit Hilfe der angebrachten Pläne finden wir auch die Middle Temple Hall und haben vielleicht das Glück, einen Blick in den Saal werfen zu können.

Unser Weg führt uns weiter durch den Temple in Richtung Süden zur Themse. Wir treffen auf das Embankment, die große Straße entlang des Flusses, halten uns rechts und erreichen die U-Bahn Station Temple. Eine gute Nachricht: Seit dem 7. Mai 2005 hat die Station nun auch sonntags geöffnet. Wir steigen hinab und nehmen die Circle oder District Line in westlicher Richtung. Nach zwei Stationen steigen wir am Stop Westminster wieder aus. Wir nehmen einen der beiden Ausgänge Nummer 5 oder 6 und, oben angekommen, blicken wir direkt auf den Turm mit dem Big Ben. Wer Lust hat, nimmt vorher den Ausgang 1 und geht über die Westminster Bridge an das andere Ufer der Themse, um von dort aus den postkartenreifen Blick auf den gesamten Westminster zu genießen. Alle anderen passieren den Parliament Square mit der Statue Winston Curchills, der gebeugt und auf seinen Stock gestützt, in Richtung Parlament schaut. Auf dem Weg zum Eingang der Westminster Abbey, liegt linkerhand die kleine St. Margaret's Church. Je nach Tageszeit und Saison kann es vorkommen, dass die Warteschlange bis hierhin reicht. Aber irgendwann haben wir es geschafft und stehen in der wichtigsten Kirche der Nation. Nach eingehender Besichtigung des Inneren schauen wir uns noch die Westfassade mit den beiden Türmen und den Skulpturen der Märtyrer an.

Wir überqueren den breiten Broad Sanctuary, halten uns vor der Methodistenkirche rechts und folgen dem Verlauf von Storey's Gate, bis wir den St. James's Park erblicken. Auf unserem Weg über die schön angelegten Pfade begegnen wir vielleicht auch einem der niedlichen Eichhörnchen, welche die Nüsse aus der Hand der Passanten entgegen nehmen.

Da wir heute noch nicht so viel Grün um uns hatten, spazieren wir noch über die Brücke auf die andere Seite des Sees. Wir verlassen den Park an seinem nördlichsten Ende und kommen auf die Mall, eine Prachtstraße, die sich schnurgerade vom Buckingham Palast zum Trafalgar Square zieht. Uns interessiert heute nicht, ob die Queen zu Hause ist, daher halten wir uns rechts, wo die Statue von Admiral Nelson den Platz weithin dominiert. Wenn dort nicht gerade die Anhänger irgendeines englischen Fußballclubs ihre Schlachtgesänge anstimmen, überqueren wir den Square und stehen vor der National Gallery, dem Ziel unserer Tour.

Wo buche ich was?

Geführte Sakrileg-Touren durch London

OfftoLondon

In Zusammenarbeit mit British Tours Ltd., dem erfahrensten Anbieter geführter Touren in England, bietet OfftoLondon zwei unterschiedliche Touren zu den „Sakrileg"-Schauplätzen in London an. Die circa dreistündige Tour führt zu den Stationen Temple Church, Fleet Street, Westminster Abbey, St. James's Park und der National Gallery. Preis: zwischen 170 und 260 GBP (umgerechnet rund 250 bis 380 Euro), je nach Anzahl der Teilnehmer. Wer noch mehr erfahren möchte, kann eine siebenstündige Tour buchen, auf der zusätzliche Orte mit einem Bezug zu den Templern besucht werden. Der Preis dafür beträgt zwischen 250 und 385 GBP (circa 365 bis 565 Euro).

Service | Buchung im Internet unter www.offtolondon.com

Nach London kommen

Bei den attraktiven Angeboten der Billig-Airlines stellt sich die Frage eigentlich nicht, auf welchem Weg man in die Hauptstadt Großbritanniens kommt: durch die Luft. London hat gleich fünf internationale Flughäfen. Der größte davon, Heathrow (Kürzel LHR), befindet sich ungefähr 25 Kilometer westlich vom Zentrum.
Folgende Airlines fliegen Heathrow direkt an: Lufthansa, British Airways, Austrian Airlines, Swiss International Airlines.

Gatwick (LGW) ist der zweitgrößte Flughafen, nicht nur Londons, sondern sogar von ganz Großbritannien. Er befindet sich südlich vom Zentrum, circa 40 Kilometer entfernt. Hier starten und landen auch Charter- sowie Billig-Airlines.
Folgende Billig-Airlines fliegen Gatwick direkt an: Easyjet (von Berlin, Genf, ab September 2005 auch von Berlin-Schönefeld), Helvetic, (von Zürich), British Airways.

Das Hauptziel der Billigflieger ist Stansted (STN) im Norden Londons, rund 45 Kilometer von der City entfernt.
Folgende Billig-Airlines fliegen Stansted direkt an: Air Berlin (von Berlin Tegel, Düsseldorf, Hannover, Leipzig/Halle, Münster/Osnabrück, Nürnberg, Paderborn, Wien, Zürich), easyjet (von München, Basel), Germanwings (von Köln, Stuttgart), Ryanair (von Altenburg (Leipzig), Berlin-Schönefeld, Hahn, Friedrichshafen, Karlsruhe/Baden, Lübeck, Airport Weeze, Graz, Klagenfurt, Linz, Salzburg).

Rund 55 Kilometer nordwestlich von London liegt der kleinere Flughafen Luton (LTN).
Folgende Billig-Airlines fliegen Luton direkt an: easyjet (von Berlin-Schönefeld, Dortmund, Basel und Genf), Helvetic (von Zürich).

Vom Flughafen in die Stadt

Taxifahrten von den Flughäfen in die Innenstadt sind ziemlich teuer (ab umgerechnet ca. 60 Euro) und dauern recht lange. Deutlich preiswerter ist der Transport mit öffentlichen Verkehrsmitteln.

Heathrow

Der schnellste Weg, um von Heathrow in die City zu kommen, ist per Bahn mit dem Heathrow Express. Der Zug fährt in der Zeit von 5.07 Uhr bis Mitternacht im 15-Minuten-Takt nonstop zur Station Paddington. Die Fahrtzeit beträgt etwa 15 Minuten, die Kosten 14 GBP für die einfache Fahrt, beziehungsweise 26 GBP für Hin- und Rückfahrt. Viel günstiger kommt man mit der U-Bahn in Londons Innenstadt. Der Flughafen hat Anschluss an die Piccadilly Line, die den Reisenden in 45 Minuten zum Piccadilly Circus bringt.

Gatwick

Auch vom Gatwick Airport ist der Zug die beste Wahl. Der Bahnhof ist direkt mit dem Südterminal verbunden, wo der Gatwick Express den Reisenden ohne Zwischenstopp zur Victoria Station bringt. Die ersten Züge fahren bereits um 4.35 und 5.20 Uhr, ab 5.50 Uhr geht es im 15-minütigem Rhythmus weiter bis 0.35 Uhr. Die Fahrt dauert etwa 30 Minuten und kostet 12 GBP einfach (23,50 GBP Retour). Doppelt so lange, dafür aber günstiger ist man mit dem Bus unterwegs. Der Speedline Flightline-777-Bus fährt stündlich zur Victoria Station.

Stansted

Der Stansted Express verkehrt zwischen dem Flughafen Stansted und dem Londoner Bahnhof Liverpool Street. Zwischen 5 Uhr morgens und Mitternacht fährt der Zug alle 30 Minuten, zwischen 8 und 16 Uhr sogar alle 15 Minuten. Die Fahrzeit beträgt rund 45 Minuten, ein normales Ticket kostet 14 GBP (24 GBP Retour). Wer noch am selben Tag zurückfliegt, kommt mit dem „Cheap Day Return" Ticket mit 15 GBP günstig weg. EasyJet kooperiert mit dem Busunternehmen Terravision. Bereits ab 7 GBP kommt man in circa einer Stunde zum Bahnhof Liverpool Street, bis Victoria Station kostet die einfache Fahrt 8,50 GBP und dauert rund 75 Minuten. Aber Vorsicht: Gerade bei der Rückreise zum Flughafen ist die Fahrt mit dem Bus riskant! Ein größerer Stau auf der Straße, und der Flieger ist weg.

Luton

Vom Airport Luton verkehrt in kurzen Abständen ein kostenloser Shuttlebus zum Bahnhof von Luton, der Luton Airport Parkway Station. Von dort aus kommt man mit dem Thameslink-Zug in knapp 45 Minuten die City zur Station King's Cross.

Auf den Spuren von «Sakrileg» in Roslin

Rosslyn Chapel

Roslin ist ein verschlafenes Fleckchen rund elf Kilometer südlich von Edinburgh. Einige kennen den Namen noch daher, dass im Roslin Institut 1996 das Schaf Dolly geklont wurde. Ansonsten findet man in den allgemeinen Reiseführern über Schottland meist nur wenige Sätze über Roslin - wenn überhaupt. Doch das wird sich wohl bald ändern: Seit Erscheinen des Romans „Sakrileg" hat sich die Zahl der Besucher verdoppelt. Mit 77.000 Besuchern im letzten Jahr ist Rosslyn Chapel nun eine der meistbesuchten Sehenswürdigkeiten Schottlands.

Mit etwas Hilfe von Isaac Newton kann Robert auch das zweite Kryptex öffnen. Jacques Saunières letzte Botschaft schickt die beiden Gralssucher Robert Langdon und Sophie nach Schottland zur legendären Rosslyn Chapel in Roslin.

Der Name „Rosslyn" hat nichts mit der Rosenlinie zu tun, wie Robert behauptet. Die Begriffe „Rosslyn" und „Roslin" haben denselben Ursprung. Beide leiten sich ab von den keltischen Wörtern „Ross" (Hügel) und „Lynn" (Wasserfall oder Bach) und könnten also in etwa bedeuten „eine Erhebung über einem Bach". Tatsächlich steht die Kapelle auf einem Hügel, und unten im Tal schlängelt sich ein Flüsschen durch das Gelände.

Abb. links | *Rosslyn Chapel - Ein Traum für Symbolologen!*

Abb. oben | *Was Dan Brown verschwieg: die Außenfassade mit Stahldach*

Abb. unten | *Das Wahrzeichen Schottlands: Edinburgh Castle*

Der erste Anblick der Kapelle bereitet dem nichts ahnenden Leser eine Überraschung: Dan Brown hat uns vollkommen verschwiegen, dass bereits seit 1998 ein freistehendes Stahldach das schöne Motiv verschandelt. Grund dafür ist die umfassende Restauration des Daches und der Mauern, die sich vermutlich bis 2008 hinziehen wird. Das Dach soll in der Zwischenzeit vor Schäden durch den Regen schützen und wird wohl auch für die Filmaufnahmen, die Ende August oder Anfang September 2005 hier stattfinden sollen, nicht abgenommen. Dann müssen also Hollywoods Special-Effect-Zauberer ran und das Blech später mittels Computertechnik entfernen.

Der Grundstein der Rosslyn Chapel wurde im Jahre 1446 von Sir William St. Clair (heute Sinclair) gelegt. Ursprünglich hatte er geplant, hier eine große kreuzförmige Kirche mit einem Kirchturm zu errichten. Bei seinem Tod im Jahre 1484 waren jedoch nur die Mauern des Chors und die Fundamente des Kirchenschiffes fertig gestellt. Sir William wurde im Rohbau begraben; erst sein Sohn versah den Bau mit einem Dach und schuf die Kapelle.

Dieser Ort wird mit den unterschiedlichsten Legenden in Verbindung gebracht, angefangen vom Heiligen Gral über Templer und Freimaurer bis hin zur Bundeslade. Betritt man das Innere der Rosslyn Chapel, wird einem schnell klar, warum. Auf einer Länge von nur 21 Metern findet sich kaum eine Stelle, die nicht kunstvoll verziert oder mit geheimnisvollen Symbolen versehen ist.

Steinerne Engel musizieren hier (einer von ihnen mit einem Dudelsack – wir sind ja in Schottland), die sieben Todsünden tanzen um einen Pfeiler herum, dazu gesellen sich Teufel, Drachen, Ritter und Bibelgestalten. Das einzige, was wir hier nicht finden werden, ist der im Roman „Sakrileg“ erwähnte Davidstern auf dem Steinfußboden, der aus „Winkel und Kelch“ (S. 458) gebildet wird. Auch die 213 rechteckigen Symbole an der Decke, die Sophie schon als Kind fasziniert hatten, bleiben ein Rätsel. Eine Theorie besagt, es handele sich dabei um eine Art Notensystem. Im japanischen Konzern Matsushita, zu dem auch die Marke Panasonic gehört, versucht man derzeit, die Zusammenhänge zu entschlüsseln.

Abb. unten | *Geheime Symbole an der Decke*

Das bekannteste Werk im Inneren der Kirche ist der so genannte „Apprentice Pillar". An der kunstvoll gemeißelten Säule winden sich Ranken und Blumen, die aus den Mäulern der Drachen an ihrem Fuße entspringen. Der Legende nach arbeitete ein Lehrling an der Säule, während sein Meister sich auf einer langen Reise befand. Als dieser zurückkehrte und das vollendete Werk sah, soll er den Lehrling voller Eifersucht erschlagen haben.

Rätselhaft ist, dass sich hier auch Schnitzereien von Maiskolben und Kakteen befinden; vor der Entdeckung Amerikas durch Kolumbus im Jahr 1492 sollten diese Pflanzen in Europa eigentlich nicht bekannt gewesen sein. Oder vielleicht war doch schon jemand vor ihm da? William St. Clairs Großvater, Henry of Orkney war schließlich ein Seefahrer. Und warum heißt eine der kanadischen Provinzen Neuschottland? Viele Fragen rund um diese Kirche bleiben ungeklärt und lassen Spielraum für Spekulationen. Wer hier nach dem kleinen Pfarrhaus sucht, sucht vergeblich. In den angrenzenden Gebäuden befinden sich nur ein Shop und ein Museum – aber leider keine freundliche Großmutter, die uns das Geheimnis des Grals verraten könnte.

SERVICE | Adresse: Rosslyn Chapel, Roslin, Midlothian, UK, EH25 9PU; Tel. 0044(0)131 440 2159 | Eintritt 6 GBP, Kinder und Jugendliche unter 18 Jahren frei. | Öffnungszeiten: montags bis samstags von 9.30 bis 17 Uhr, sonntags von 12 bis 16.45 Uhr. | Internet: www.rosslynchapel.org.uk

Abb. oben | *Das Meisterstück eines Lehrlings: der Apprentice Pillar*

Abb. rechts | *Am Fuß der Burg: die City von Edinburgh*

Hätten Robert und Sophie mehr Zeit gehabt …

… dann hätten sie sich sicher dies noch angeschaut:

Edinburgh

Die Leser der britischen Zeitungen „The Guardian“ und „The Observer“ sind sich seit Jahren einig: die beliebteste Stadt Großbritanniens heißt Edinburgh. Erbaut auf und um sieben Vulkane ist das Stadtbild einzigartig in Europa. Die Burg, die hoch über der Stadt thront, ist das Wahrzeichen Schottlands und war über Jahrhunderte der Sitz der schottischen Könige. Darunter liegt die Altstadt mit ihren verwinkelten Gassen und vielen gemütlichen Pubs. Berühmt ist auch das Fringe Festival, das größte Kulturfestival der Welt, welches jährlich im August stattfindet und die ganze Stadt in eine einzige große Bühne verwandelt. Die offizielle Seite Edinburghs im Internet: www.edinburgh.org

Und wer noch mehr Lust hat auf einsame Highlands, unheimliche Geisterschlösser und leckere Malt Whiskys, der findet auf www.undiscoveredscotland.co.uk zahlreiche Infos und Bilder über Schottland (auf Englisch).

Nach Edinburgh kommen

Entweder bucht man direkt aus Deutschland, Österreich oder der Schweiz einen Flug nach Edinburgh. Praktisch ist es aber auch, in Verbindung mit einem Aufenthalt in London einen Inlandsflug nach Schottland zu nehmen.

Der internationale Flughafen Edinburgh Airport (EDI) liegt ungefähr zwölf Kilometer westlich vom Zentrum Edinburghs.

Unter anderem fliegen folgende Gesellschaften Edinburgh Airport direkt an:

Lufthansa	www.lufthansa.com
Germanwings	www.germanwings.de (von Köln-Bonn)
Hapag-Lloyd Express	www.hlx.com (von Hamburg)
EasyJet	www.easyjet.com (von Stansted, Luton, Gatwick)
Flyglobespan	www.flyglobespan.com (Schottische Billigairline, von Stansted)
Scotairways	www.scotairways.co.uk (von London City)
British Airways	www.britishairways.com (Von London City, Gatwick, Heathrow)

Vom Flughafen in die Stadt

Eine Direktverbindung zwischen dem Flughafen Edinburgh und der Rosslyn Chapel wurde trotz des rapiden Anstiegs der Besucherzahlen bislang noch nicht eingerichtet. Wenn man nicht mit dem Leihwagen unterwegs ist, muss man zuerst nach Edinburgh und vom Stadtzentrum aus mit dem Bus nach Roslin fahren.

Die Bushaltestellen befinden sich vor dem Eingang zu Zone A des Terminals. Der Express-Shuttle verkehrt zwischen Flughafen und Waverley Bridge im Stadtzentrum von 4.40 Uhr bis Mitternacht im Zehn-Minuten-Takt. Die Fahrzeit beträgt etwa 25 Minuten. Die Tickets werden direkt beim Fahrer gekauft und kosten 3 GBP für die einfache Fahrt und 5 GBP für Hin- und Rückfahrt. Weitere Infos im Internet unter www.flybybus.com.

Der Taxistand befindet sich vor dem Terminal. Die Fahrt ins Stadtzentrum dauert etwa 20 Minuten und kostet, abhängig von der Tageszeit und vom Verkehr, zwischen 15 GBP und 20 GPB.

Von Edinburgh nach Roslin

Achtung: Wer seine Tour auf einen Sonntag legt, hat ein Problem. Es gibt zwei Buslinien, die Edinburgh mit Roslin verbinden – aber keine von beiden verkehrt sonntags. Der Bus mit der Nummer 15A (Lothian Bus) ab St. Andrew Square fährt stündlich mit einigen Minuten Schwankung werktags von 6.41 bis 18.49 Uhr. Der letzte Bus zurück geht um 19.26 Uhr. Der First Bus 62 ab Edinburgh Bus Station fährt montags bis samstags jede Stunde von 9.25 Uhr bis 14.25 Uhr, zurück bis 14.44 Uhr.

Mit dem Auto fährt man auf der A701 Richtung Penicuik/ Peebles und nimmt die Ausfahrt Roslin. In Roslin ist der Weg zur Kapelle ausgeschildert.

Auf den Spuren geheimer Bruderschaften im Vatikan

Die Illuminati-Tour durch Rom

Wie alles beginnt: CERN

Die Europäische Organisation für Kernforschung CERN befindet sich bei Genf an der französisch-schweizerischen Grenze. Teile der gewaltigen unterirdischen Versuchsanlagen erstrecken sich bis über die Grenze nach Frankreich. Mit seinen fast 3.000 Mitarbeitern ist es das weltweit größte Forschungszentrum für Teilchenphysik. Für Physiker ist es das Mekka der Grundlagenforschung: Etwa 6.500 Gastwissenschaftler aus aller Welt kommen jährlich hierher, um Antworten auf die grundlegenden Fragen zu finden: Wie funktioniert unser Universum, wo kommt es her und was hält es zusammen?

Um das herauszufinden, werden Elementarteilchen wie Elektronen oder Protonen sehr stark beschleunigt, zur Kollision gebracht und das Ergebnis untersucht. Lange Zeit galt der kreisförmige Beschleuniger namens LEP (Large Electron-Positron Collider) als größte Forschungsanlage der Welt. Er befand sich in einem 27 Kilometer langen Tunnel in 100 Metern Tiefe unter der Erde. Im Jahr 2001 wurde er aus dem Tunnelsystem entfernt und wird im Moment durch seinen Nachfolger, den LHC (Large Hadron Collider) ersetzt, der 2007 in Betrieb gehen wird.

Robert Langdon, Harvard-Professor und Spezialist für Symbolologie, bekommt einen mysteriösen Hilferuf: Ein Forscher wurde in seinem Schweizer Labor ermordet aufgefunden, ein geheimnisvolles Symbol ist auf seiner Brust eingebrannt: das Ambigramm „Illuminati". Am Flughafen Boston wird er bereits von einem futuristischen Flugzeug erwartet, welches ihn in nur einer Stunde über den Atlantik in die Schweiz bringt. Vom Genfer Flughafen geht es mit dem Wagen weiter zum nahe gelegenen Ziel: CERN.

Abb. links | *Der Petersplatz aus Sicht der Kuppel des Petersdoms*

Dort werden dann Energien erreicht, die in den bisherigen Teilchenbeschleunigern nicht möglich sind und so der Forschung ganz neue Möglichkeiten eröffnen.

CERN wurde 1951 als wissenschaftlicher Rat, dem Conseil Européen pour la Recherche Nucléaire, von einigen Physikern gegründet. Im Jahre 1953 wurde dann ein zentrales Labor errichtet. Zu der Zeit konzentrierten sich die Forschungen noch darauf, das Innere eines Atoms zu verstehen – daher das Wort „nuklear“ im Namen. Sehr bald ging die Arbeit des Instituts jedoch weit über die Erforschung des Atoms hinaus und reicht von der Materialwissenschaft bis zur Datenverarbeitung. Auch die Entwicklung des „World Wide Web“ gelang hier.

Abb. rechts | *Das CERN-Gelände aus der Luft*

Abb. links | *Das spannendste liegt unter der Erde*

Abb. unten | *Nicht für Antimateriebomben geeignet: Der LHC-Beschleuniger*

So geheim und strengstens bewacht wie im Roman dargestellt, geht es in Wirklichkeit nicht zu. Mehr als 20.000 Besucher kommen jedes Jahr aus der ganzen Welt, um staunend einen Blick auf die Forschungseinrichtungen zu werfen. Sogar Foto- und Videokameras sind erlaubt! Der CERN Besucherservice bietet kostenlos geführte Touren an, nicht nur für Studentengruppen, sondern auch für Einzelpersonen. Auch der Besuch eines Experimentes ist inbegriffen. Allerdings ist das nichts für Kurzentschlossene: Die Anmeldung sollte ungefähr sechs Monate vor dem geplanten Besuch erfolgen.

Wer aber vor der Tür steht, muss nicht ganz ohne eine Erfahrung wieder fahren: Die beeindruckende Ausstellung Microcosm kann kostenlos und ohne Voranmeldung besucht werden.

Wer wissen will, wie gefährlich Antimaterie tatsächlich ist oder ob eine Bombe damit gebaut werden kann, sollte auf die Website von CERN schauen: www.cern.ch. Unter dem Menüpunkt „Spotlight on... Angels and Demons" werden konkrete Antworten auf die Fragen gegeben, die der Roman „Illuminati" aufwirft.

Service | Postadresse: CERN, CH-1211 Genf 23, Schweiz | Geöffnet: montags bis samstags von 9 bis 17 Uhr. | Anmeldung für Führungen: CERN Visits Service | Tel: 0041 22 767 8484, Fax: 0041 22 767 8710, E-Mail: visits.service@cern.ch, Internet: www.cern.ch/visits

Der Vatikan

Der Vatikan ist schon kurios: Auf nicht einmal einem halben Quadratkilometer Fläche drängt sich der kleinste souveräne Staat der Welt. Doch er braucht kein großes Staatsgebiet, um großen Einfluss zu haben. Im Vatikan werden Entscheidungen gefällt, nach denen sich Millionen Menschen in der ganzen Welt richten. Alleinherrscher über das Imperium und letzter absoluter Monarch in Europa ist der Papst. Er besitzt als Oberhaupt des Vatikanstaates die Fülle der gesetzgebenden, ausführenden und richterlichen Gewalt.

Der Vatikan hat weniger Staatsbürger (550) als Angestellte (rund 3.000), der männliche Anteil beträgt geschätzte 100 Prozent. Wobei sich direkt die Frage aufdrängt, wie denn ein Staatsbürger des Vatikans eigentlich heißen mag. Vatikaner? Vatikanier? Vatikanese? Oder gar Vaticani? Der Vatikan ist der einzige Staat der Welt, der seine Bevölkerung nicht durch natürliche Vermehrung, sondern durch Zuwahl erhält. Und das auch nur auf Zeit. Manchmal vervielfacht sich die Zahl der Menschen auf dem Staatsgebiet um mehr als das Hundertfache. Und alle diese Personen sind vergleichsweise schick gekleidet. Sonst werden sie abgewiesen. (Wäre doch auch mal eine Idee für Spanien: Bei allen Besuchern Mallorcas werden am Flughafen in Palma die Koffer kontrolliert. Urlauber mit definitiv geschmacklosen Outfits werden zurückgeschickt).

Ein großer Teil der Handlung spielt im Vatikan. Robert Langdon und Vittoria Vetra landen auf dem Hubschrauberlandeplatz, werden durch die Gärten zu den Diensträumen der Schweizergarde gefahren, eilen durch Korridore und päpstliche Gemächer, steigen hinab in die Geheimarchive und folgen dem Camerlengo in die Grotten. Auch der Petersplatz mit dem Obelisken in der Mitte spielt eine wichtige Rolle.

Die Vatikanischen Gärten

Eine Oase der Ruhe in der Großstadt Rom sind die Vatikanischen Gärten. Die meisten Besucher werfen nur von der Kuppel der Peterskirche einen Blick darauf. Der lange Bau am Anfang der Gärten ist der Verwaltungssitz. Auf dem Rasen davor präsentiert sich das Wappen des amtierenden Papstes, geformt aus Blumen und kleinen Büschen. Der Besuch der Vatikanischen Gärten ist nur innerhalb einer rund zweistündigen Führung möglich. Aus rein botanischer Sicht gibt es sicher wesentlich reizvollere Gartenanlagen. Aber einmal unter dem Schatten der Bäume auf den kleinen Kieswegen zu gehen, auf denen sonst der Papst wandelt, hat seinen eigenen Reiz. Der Weg führt vorbei an antiken Statuen und Brunnen, an diversen Gebäuden wie dem von Radio Vatikan, hin zur Nachbildung der Grotte von Lourdes. In der hintersten Ecke befindet sich der Hubschrauberlandeplatz. Deutsche Besucher werden vermutlich staunen, hier ein Stück deutscher Vergangenheit zu finden: Mit einem großen Teil der Berliner Mauer hat sich die Bundesregierung beim Papst für dessen Verdienste um den Fall des Eisernen Vorhangs bedankt.

Auf ihrem Weg vom Hubschrauberlandeplatz des Vatikans werden Robert und Vittoria in das Gebäude der Schweizergarde gebracht. Ihr Weg führt dabei durch die Vatikanischen Gärten.

Abb. unten | *Das Wappen Papst Johannes Pauls II.*

Service | Die Führungen finden werktags zwischen 9 und 14 Uhr statt. | Eintritt: 9 Euro | Voranmeldung erforderlich, telefonisch oder per Fax an: Musei Vaticani, Ufficio Visite Guidate, Tel. 0039-06-698-8-4466; Fax: 0039-06-698-8-85100

In ihren farbenprächtigen historischen Uniformen mit weiter Hose, Sturmhaube und Hellebarde sind sie ein beliebtes Fotomotiv. Die Galauniform der Schweizergardisten wurde nicht, wie fälschlicherweise oft gesagt wird, von Michelangelo entworfen. Sie erhielt ihr heutiges Aussehen erst Anfang des 20. Jahrhunderts. Die Farben Rot, Gelb und Blau sind die Wappenfarben der Familie Medici, aus deren Reihen viele Päpste stammten. Bei ihrem Anblick denkt man eher an eine touristische Attraktion als an eine gut ausgebildete Leibwache, deren Aufgabe es ist, „über die Sicherheit der geheiligten Person des Heiligen Vaters und Seiner Residenz zu wachen" – und notfalls auch das eigene Leben für den Papst zu opfern. Dabei sind die Gardisten nicht nur für die Bewachung des Vatikans zuständig, sondern auch als Bodyguards auf den Reisen des Papstes – in zivil und ohne Hellebarde, versteht sich.

Abb. unten | *Die bunte Uniform trügt: kein Karneval, sondern gut ausgebildete Leibwächter.*

Die Schweizergarde ist die Armee des Vatikanstaates. Im Jahr 2006 feiert sie ihr 500-jähriges Bestehen. Dass diese Truppe ihre Verteidigungskraft wirklich unter Beweis stellen musste, liegt schon lange zurück. Am 6. Mai 1527, beim so genannten „Sacco di Roma“, plünderten deutsche und spanische Landsknechte Rom und den Vatikan. Die Garde leistete verzweifelten Widerstand, 147 Männer fielen. Papst Clemens VII. de Medici und 42 Gardisten konnten durch den Passeto (s. Kapitel Engelsburg) in die uneinnehmbare Engelsburg entkommen. Die Schweizergarde hat diesen Tag als Gedenktag erhalten. Seitdem ist der 6. Mai der traditionelle Tag, an dem die neuen Rekruten vereidigt werden.

Wer in die Garde aufgenommen werden will, muss einige Voraussetzungen erfüllen. Der Bewerber muss männlich, Schweizer Staatsbürger und praktizierender Katholik sein. Er muss Abitur oder eine abgeschlossene Berufsausbildung haben, und bereits in der Schweizer Armee seine Grundausbildung absolviert haben. Das Gardemaß von 174 cm soll nicht unterschritten werden, außerdem muss man topfit sein und unter 30. Ein einwandfreier Leumund versteht sich in dieser Position von selbst. Wer die Kriterien erfüllt, kann Mitglied in dieser äußerst exklusiven Truppe werden. Aber die Bewerbungen halten sich in Grenzen. Die Sollstärke der Garde liegt bei 110 Soldaten, sie ist aber im Jahr 2005 mit nur rund 100 Männern unterbesetzt.

Mehr Informationen gibt es auf der offiziellen Webseite der Schweizergarde unter www.schweizergarde.org.

Ein Grund für die zunehmenden Nachwuchssorgen könnte wohl auch sein, dass es bei diesem Job mehr um die Ehre als um den Euro geht. Rund eintausend Euro Sold verdient ein Gardist im Monat – anscheinend muss auch der Vatikanstaat aufs Budget achten.

Robert und Vittoria schaffen es nicht, Oberst Olivetti, den Kommandanten der Schweizergarde, von der Gefährlichkeit der im Vatikan versteckten Antimaterie zu überzeugen. Durch einen Trick gelingt es ihnen, in den Apostolischen Palast zum Camerlengo gebracht zu werden.

Mehr als 1.000 Räume in verschiedenen Gebäuden bilden zusammen den Papstpalast. Nicht alle davon sind für die Öffentlichkeit zugänglich, sondern nur die Teile, in denen die vatikanischen Museen liegen. Seit Gregor XI. im Jahre 1377 seinen Wohnsitz von Laterano hierhin verlegte, ist der Palast die offizielle Residenz der Päpste.

Um 1450 begann der Neubau des Palastes, danach nahm fast jeder Papst weitere bauliche Veränderungen vor. Der Flügel, der direkt hinter den Kolonnaden liegt, wurde Ende des 16. Jahrhunderts unter Papst Sixtus V. errichtet. Er ist bis heute das Zentrum des päpstlichen Lebens und Wirkens. In der zweiten Etage liegen die Audienzsäle, unter anderem auch die Sala Clementina, in der im April 2005 der Leichnam von Papst Johannes Paul II. aufgebahrt wurde. Wir erinnern uns daran, dass in den Tagen zuvor die drei erleuchteten Fenster ganz rechts oben die Blicke der Welt auf sich zogen. Hier, im dritten Stock, liegen die Privatgemächer des Papstes.

Es ist der Fantasie des Autors Dan Brown entsprungen, dass Robert und Vittoria den Camerlengo im päpstlichen Amtszimmer antreffen. In der Apostolischen Konstitution ist festgeschrieben, dass der Camerlengo das Arbeitszimmer und die Privatgemächer des verstorbenen Papstes zu versiegeln hat. Da gibt es kein Rütteln und kein Hineinkommen.

Den Haupteingang zum Palast bildet ein riesiges Bronzetor, das sich rechts von den Kolonnaden befindet. An den Gardisten gibt es kein Vorbeikommen, aber mit etwas Glück kann man von außen die Scala Regia, die Königstreppe, die Gian Lorenzo Bernini um das Jahr 1660 erbaut hat, erspähen.

Abb. oben | *Wie konnte der Attentäter an ihnen vorbeikommen?*

Der enge Treppenraum wirkt aufgrund einer genialen optischen Täuschung lang und eindrucksvoll.

Was die Vatikanischen Geheimarchive betrifft, in denen Robert und Vittoria so hemmungslos stöbern: Wer dort recherchieren möchte, richtet üblicherweise zunächst eine schriftliche Anfrage an den Präfekten. Dieser Anfrage liegt bestmöglich ein Empfehlungsschreiben eines angesehenen Institutes bei. Zutritt können ausschließlich qualifizierte Forscher höherer Bildungsinstitute erhalten, die überzeugend erklären können, warum sie den Zugang zu den Archiven unbedingt benötigen. Die Vorlage des Studentenausweises reicht hier leider nicht aus.

Die Sixtinische Kapelle

Von außen ein unscheinbarer mittelalterlicher Bau, erwarten den Besucher im Inneren wunderbare Kunstschätze, die von vielen als das größte Kunstwerk der Renaissance bezeichnet werden. Die einzigartigen Fresken an den Wänden und der Decke ziehen Millionen von Kunstliebhabern an, was stets zu langen bis sehr langen Schlangen vor dem Eingang führt.

Die Sixtinische Kapelle (Capella Sistina) wurde 1473-81 als päpstliche Hauskapelle für Papst Sixtus IV. errichtet – daher auch ihr Name. Seit damals ist sie, mit nur wenigen Ausnahmen, der Ort, an dem das Konklave stattfindet – und damit sicher das schönste Wahllokal der Welt.

Zwischen 1480 und 1483 begann die Ausschmückung. Namhafte Künstler wie Botticelli, Perugino, Ghirlando, Pinturicchio und Rosselli gestalteten und malten auf den Längsseiten der Kapelle zwölf Fresken mit Szenen aus dem Alten und Neuen Testament.

In der Sixtinischen Kapelle eingeschlossen warten die Kardinäle vergeblich auf die Ankunft der vier „Preferiti". Erst, wenn diese eingetroffen sind, dürfen sie mit der Wahl des künftigen Papstes beginnen. Später zeigt Robert hier den Kardinälen das enthüllende Video, das Maximilian Kohler im Büro des Camerlengo heimlich aufgenommen hat.

Abb. rechts | *Das schönste Wahllokal der Welt: die Sixtinische Kapelle*

Abb. unten | *Sieben Kilometer voller Kunst*

Der Hauptanziehungspunkt ist unbestritten das riesige Deckengemälde von Michelangelo. Vier Jahre (1508-12) brauchte er, um auf neun Feldern die Szenen der Schöpfungsgeschichte darzustellen. Genial ist das Spiel mit der Architektur: Gemalte Fresken in einer gemalten Architektur. Die vier großen Hauptbilder zeigen die Erschaffung der Sonne und des Mondes, die Erschaffung Adams, den Sündenfall und die Vertreibung aus dem Paradies und die Sintflut. Der bekannteste Ausschnitt ist die „Erschaffung Adams". Er zeigt, wie Gott Adam durch die Berührung des Fingers Leben einhaucht.

Ein weiteres Highlight ist das mit 180 Quadratmetern größte zusammenhängende Fresko der Welt, das die Altarwand krönt. Das ‚Jüngste Gericht" hat Michelangelo im Alter von 60 Jahren in den Jahren 1536-1541 gemalt. Im Zentrum des Bildes setzt Christus als Richter ein riesiges Rad von Menschen in Gang. Die Gerechten werden nach oben in den Himmel erhoben, die Sünder nach unten in die Hölle geschleudert. Das Bild eignet sich auch hervorragend als Suchbild; nur eine der 300 Gestalten blickt zum Betrachter. Welche ist es?

Leider war Michelangelo nicht der einzige, der an der Altarwand gemalt hat. Die Offenheit der Darstellung ging den prüden Herren im Vatikan dann doch zu weit. Nachdem Michelangelo im Jahre 1564 fast neunzigjährig in Rom starb, wurde Daniele da Volterra umgehend als „braghettone", als „Höschenmaler" angestellt. Er hatte den Auftrag, die Lendenregionen der muskelbepackten Kerle mit wehenden Tüchern zu übermalen. Erst zum 500. Geburtstag Michelangelos im Jahre 1975 beschloss der Vatikan, die „Höschen" wieder auszuziehen. In einer 20-jährigen Restaurierungsphase wurden sämtliche Bilder von den Übermalungen anderer Restauratoren und vom Kerzenruss, Weihrauch und Staub der Jahrhunderte befreit.

Rund zehn Millionen Euro wurden dafür gut investiert, denn nach Abschluss der Arbeiten Ende 1999 präsentieren sich die Fresken der Sixtinischen Kapelle nun wieder in den ursprünglichen, leuchtenden und satten Farben Michelangelos.

In die Sixtinische Kapelle gelangt man nur durch die Vatikanischen Museen. Um nicht in allzu langen Warteschlangen zu stehen, sollte man unbedingt auf die Öffnungszeiten achten und sich möglichst früh morgens auf den Weg machen. Dann am besten gleich in die Kapelle eilen und die Museen erst später in Ruhe besuchen. Es lohnt sich, denn die Vatikanischen Museen beherbergen eine der bedeutendsten Kunstsammlungen der Welt. Mehr als drei Millionen Besucher jährlich bewundern auf 55.000 Quadratmetern die Exponate. Die Tour durch die Museen ist bis zu sieben Kilometer lang! Daher empfiehlt es sich, bereits vor dem Besuch gut zu überlegen, was man wo sehen möchte.

Service | Eintritt: 12 Euro (8 Euro ermäßigt) | Öffnungszeiten: März bis Oktober: 8.45 bis 16.45 Uhr, letzter Einlass um 15.20 Uhr | November bis Februar: 8.45 bis 13.45 Uhr, letzter Einlass um 12.20 Uhr. Sonntags sind die Vatikanischen Museen geschlossen, bis auf den jeweils letzten Sonntag im Monat. Dann ist der Eintritt zwar frei, aber wegen des noch größeren Andrangs als ohnehin schon nicht zu empfehlen.

Der Camerlengo

Den Zeitraum vom Tod des Papstes bis zur Wahl eines neuen nennt man Sedisvakanz, abgeleitet vom lateinischen „Sede vacante“ – der Stuhl steht leer. Wer in diesem Zeitraum was zu tun hat und was nicht, legt eine apostolische Konstitution fest, die „Universi Dominici Gregis“.

Während der Sedisvakanz übernimmt der Camerlengo (italienisch für Kämmerer) mit Hilfe von drei Kardinälen, die durch das Los bestimmt werden, vorübergehend die Verwaltung der Kirche. Seine wichtigsten Aufgaben sind die Organisation der Beisetzung des toten Papstes und des Konklaves. Keinesfalls ist der Camerlengo ein „gewöhnlicher Priester“ oder gar der „Kammerdiener“ des Papstes (S. 178). Er ist immer ein Kardinal und nach dem Papst und dem Kardinalstaatssekretär der dritthöchste Mann im Vatikan. Der aktuelle Camerlengo des Vatikans ist der 78-jährige Spanier Eduardo Martínez Somalo – nicht unbedingt ein Alter, in dem man noch aus einem Hubschrauber springen würde…

Der Camerlengo stellt den Tod des Papstes offiziell fest. Anwesend sind dabei der päpstliche Zeremonienmeister, die Prälaten, der Sekretär sowie der Kanzler der Apostolischen Kammer. Beim Ausfüllen der amtlichen Sterbeurkunde muss keine Todesursache genannt und auch keine Autopsie angeordnet werden. Früher war es so, dass der Camerlengo dem Verstorbenen dreimal mit einem kleinen, elfenbeinernen Hämmerchen an die Stirn klopfte und ihn dabei mit seinem Taufnamen fragte, ob er schlafe. Erst Papst Johannes Paul II. schaffte dieses archaische Ritual im Jahre 1996 ab.

Der Kardinal-Kämmerer zieht dem Verstorbenen den Fischerring ab, das Symbol seiner Macht, und versiegelt das Arbeitszimmer sowie die Privatgemächer des Papstes. Um Missbrauch zu verhindern, werden der Ring und das Bleisiegel des Papstes vor der ersten Kardinalsversammlung zerbrochen – dafür wäre das Hämmerchen jetzt recht nützlich.

Der Zeitpunkt der Veröffentlichung des Todes liegt in der Hand des Camerlengo. Er teilt den Tod des Papstes dem Kardinalvikar von Rom mit, welcher anschließend die Weltbevölkerung informiert.

Das Konklave

Wenn es eine Steigerung von „geheimen Wahlen" gibt, dann ist das die „Papstwahl". Die Wahl des neuen Kirchenoberhauptes erfolgt nach bis ins Detail festgelegten Regeln und Ritualen unter strengster Geheimhaltung. Zur Papstwahl versammeln sich die Kardinäle in einem „verschließbaren Raum", dem Konklave (lateinisch „cum" für „mit" und „clavis" für „Schlüssel"). Zur Wahl zugelassen sind allerdings nur diejenigen, die jünger als 80 Jahre sind. Der Vatikan ist somit der einzige Staat der Welt, der ein Wahlrecht mit einer Höchstalterklausel besitzt!

Das Konklave beginnt 15 bis 20 Tage nach Beginn der Sedisvakanz mit einer Messe im Petersdom und dem anschließenden Einzug der wahlberechtigten Kardinäle in die Sixtinische Kapelle, dem Ort der Wahl. Alle Anwesenden werden unter Eid zur strengsten Geheimhaltung verpflichtet. Die Kardinäle dürfen in dieser Zeit kein Wort mit Außenstehenden sprechen, nicht telefonieren, fernsehen oder SMS senden. Der Wille des heiligen Geistes soll schließlich störungsfrei empfangen werden. Die Sixtinische Kapelle wurde vorher vom Boden bis zur Decke genauestens auf elektronische Wanzen und versteckte Kameras untersucht, ebenso wie die vorübergehende Unterkunft der Purpurträger, das Gästehaus „Domus Sanctae Marthae". Auch auf dem Weg vom Gästehaus zur Kapelle werden die Kardinäle von der Außenwelt hermetisch abgeschirmt.

Die Türen werden vom Camerlengo verschlossen, die Fenster werden mit Vorhängen verhüllt. Und dann beginnen 115 ältere Herren (das Durchschnittsalter liegt bei stolzen 71 Jahren) aus 54 Ländern, die Antwort auf die Frage zu finden, wer der nächste Papst sein wird. Bereits in der Woche davor haben die beiden Lager – das konservative und das liberale – Verbündete gesucht und Allianzen in geheimen Sitzungen geschmiedet. Und dann geht es los mit der großen Politik. Aber im Gegensatz zu der Politik, wie wir sie von unseren Parteien kennen, werden hier keine Wahlreden gehalten und auch keine Kugelschreiber und bunten Fähnchen verteilt. Und was die „Preferiti" betrifft: Aussichtsreiche Kandidaten werden in Wirklichkeit als „Papabili" bezeichnet und so mancher, der als vermeintlich künftiger Papst in das Konklave ging, kam als Kardinal wieder heraus.

Abb. unten | *Alle Päpste bis zum Jahr 2005*

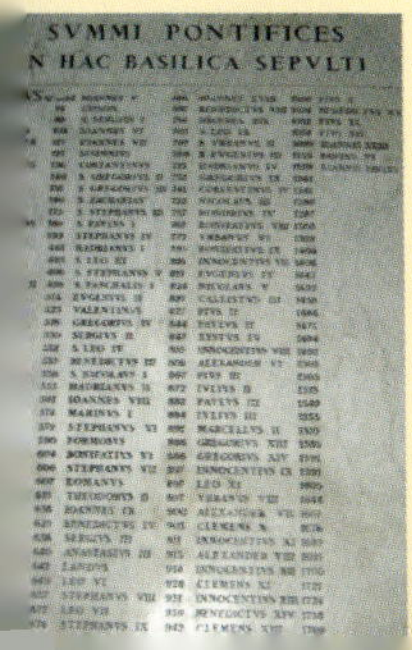

Abb. rechts | *Heute nicht in Purpur*

Die Abstimmung findet in geheimer Wahl statt. (Der Gesprächspartner von BBC-Reporter Gunter Glick im Roman „Illuminati" liegt falsch: Nur so und nicht anders darf der neue Papst gewählt werden. Die Wahl per einstimmiger Akklamation durch Inspiration oder plötzliche Eingebung hat der im April 2005 verstorbene Papst Johannes Paul II. abgeschafft.) Jeder Kardinal schreibt einen Namen auf einen Stimmzettel, faltet diesen und gibt ihn in eine Urne. Dabei spricht er die Eidesformel: „Ich rufe Christus, der mein Richter sein wird, zum Zeugen an, dass ich den gewählt habe, von dem ich glaube, dass er nach Gottes Willen gewählt werden sollte." Nach der Überprüfung, ob keiner geschummelt und etwa zwei Zettelchen eingeworfen hat, beginnt die Auszählung. Gewählt ist derjenige, der mehr als zwei Drittel der Stimmen auf sich vereinen kann. Vormittags und nachmittags werden jeweils zwei Wahlgänge durchgeführt. Bleibt der erste Wahlgang ohne Ergebnis, folgt direkt der zweite nach. Erst danach werden die Stimmzettel aus beiden Urnengängen gemeinsam in einem nur zu diesem Zweck aufgestellten Öfchen verbrannt. Und alle, die draußen warten, halten Ausschau nach dem Rauch: ist er schwarz, oder ist er weiß?

Ist der Rauch schwarz, heißt es: weiter warten. Und das kann dauern. Das längste Konklave aller Zeiten dauerte drei Jahre! Es ist allerdings schon etwas her, rund 800 Jahre nämlich. Aber irgendwann steigt der legendäre weiße Rauch aus dem Schornstein, und seit 2005 erklingt auch Glockengeläut dazu. Über eine Milliarde Katholiken auf der Welt haben ein neues Oberhaupt! Und dann wird den Wartenden auf dem Petersplatz und zuhause vor den Bildschirmen verkündet: „Habemus papam! – Wir haben einen Papst!" Oder wie die Bild-Zeitung im April 2005 nach der Wahl des Deutschen Joseph Ratzinger freudig formulierte: „Wir sind Papst!" Der frisch gewählte Papst spendet anschließend der versammelten Menge seinen ersten Segen „Urbi et Orbi".

Der Petersplatz

Man kommt über die breite Via della Conciliazione, überquert die vatikanisch-italienische Grenze, einen dezenten hellen Marmorstreifen am Anfang des Petersplatzes, und ist schlicht überwältigt. Fast jeder kennt ihn aus dem Fernsehen, auch den Balkon an der Fassade der Peterskirche, die so genannte Benediktionsloggia, von der der Papst den Segen „Urbi et Orbi" erteilt. Auf diesem Balkon findet im Roman auch Camerlengo Carlo Ventresca sein spektakuläres Ende, eingehüllt in eine Säule aus Feuer.

Ein Oval bildet den Petersplatz, 340 Meter lang und 240 Meter breit. Zu beiden Seiten umarmen halbkreisförmige Kolonnaden die Besucher. Sie bestehen aus 284 Säulen, die in vier Reihen hintereinander angeordnet sind. Über ihnen wachen die Marmorstatuen von 140 Heiligen.

Auf halbem Weg zwischen den Brunnen und dem Obelisken sind zwei kleine runde Platten in den Boden eingelassen.

Der Finger des Engels in der Chigi-Kapelle der Kirche Santa Maria del Popolo weist Robert Langdon den Weg zur nächsten Station seiner Suche: Ziel ist der ägyptische Obelisk auf dem Petersplatz. Hier findet er eine Darstellung des Elementes „Luft" in Form eines im Boden eingelassenen Reliefs.

Abb. unten | *Die Heiligen (auf der Fassade) haben gesehen, wie der Mord geschah*

Stellt man sich auf eine dieser Platten, ist das Erstaunen groß: Man erblickt plötzlich nur noch eine einzige Säulenreihe! Die dahinter liegenden Säulen werden durch die erste Reihe vollständig verdeckt. Diese geniale Idee verdanken wir Gian Lorenzo Bernini, der den Petersplatz zwischen 1656 und 1667 neu gestaltete.

In der Mitte des Platzes erhebt sich der 26 Meter hohe Obelisk auf dem Rücken von vier Bronzelöwen. Ursprünglich hatte Caligula den Obelisken im Jahre 39 aus Heliopolis nach Rom entführt und im Zirkus des Nero aufstellen lassen. Von dort ließ ihn Papst Sixtus V. 1585 auf den Petersplatz bringen. In seiner Spitze soll ein Splitter vom Kreuze Christi eingelassen sein. Hier am Fuße des Obelisken wird der zweite Kardinal ermordet aufgefunden, auf seiner Brust das Brandmal „Air".

Die von Robert Langdon gesuchte Marmorplatte mit dem Symbol des Westwindes, dem „West Ponente" entdecken wir ganz in der Nähe des Obelisken. Doch außer diesem Relief sind noch ganze 15 weitere Winde auf dem Platz verteilt. Wie und warum gerade der Westwind der entscheidende Hinweis auf die nächste Station sein soll, bleibt uns vollkommen unklar.

Abb. unten | *Der Wind bläst gen Osten zum nächsten Schauplatz*

Abb. oben | *Hier wäre genug Platz, um alle Einwohner von Bad Salzuflen einzuladen*

Der Petersdom

Ihre Namen sind zahlreich: Petersdom, Peterskirche, St. Peter, San Pietro. An der Stelle, wo der Überlieferung nach der Heilige Petrus bestattet ist, ließ Konstantin, der erste christliche Kaiser Roms, Anfang des 4. Jahrhunderts die erste Kirche San Pietro errichten. Im Laufe der Zeit hatte diese Kirche an Pracht eingebüßt und war baufällig geworden. Nach der Rückkehr der Päpste aus Avignon wurde ein Neubau an der gleichen Stelle beschlossen. Papst Julius II. legte im Jahre 1506 den ersten Stein für die neue Kirche, die zur größten der Christenheit wurde. Erst im Jahr 1990 wurde sie durch die nach ihrem Vorbild gebaute Basilika Notre-Dame de la Paix an der Elfenbeinküste übertroffen. Im Petersdom finden auf über 15.000 Quadratmetern rund 60.000 Gläubige Platz – so viel wie eine Kleinstadt Einwohner zählt! Die unglaubliche Größe wird schön durch Platten illustriert, die im Fußboden des Mittelgangs eingelassen sind und die Längen anderer bedeutender Kathedralen im Vergleich anzeigen.

Welch teuflischer Schachzug! Die Antimaterie ist unter dem Petersdom versteckt, dem zentralen Heiligtum der römisch-katholischen Kirche. Mitten auf dem Grab des heiligen Petrus befindet sich der glänzende, todbringende Zylinder. Wird er um Mitternacht explodieren?

Abb. links | *Hier war die Antimaterie versteckt: das Grab Petri*

Abb. rechts | *Für diesen Altar musste das Pantheon seine Bronze lassen*

120 Jahre dauerte der Bau, bis er 1626 von Papst Urban VIII. eingeweiht wurde. Alle großen Baumeister der Renaissance und des Barock waren daran beteiligt, darunter Bramante, Raffael, Michelangelo, und zuletzt gab Bernini dem Ganzen noch den letzten Schliff. Die heutige Fassade wurde übrigens nicht von Bernini gestaltet, sondern von dem Architekten Carlo Maderno.

Der Innenraum beherbergt mehr bedeutende Kunstschätze als manches Museum. Direkt in der ersten Kapelle findet man rechts die Pietà, die im Jahr 1500 vom damals erst 25-jährigen Michelangelo geschaffen wurde. Seitdem 1972 ein Irrer auf ihr rumgehämmert hatte, wird sie durch Panzerglas geschützt. Nicht zu übersehen ist Berninis bronzener Baldachin über dem Papstaltar, für den das Pantheon seine Bronze hat opfern müssen. Neben dem Altar steht die Bronzestatue des heiligen Petrus. Millionen Berührungen und Küsse von Pilgern haben seinen rechten Fuß über die Jahrhunderte ziemlich glatt poliert.

Nahe der Statue führt eine enge Treppe hinab zu den vatikanischen Grotten mit dem Grab des Petrus. Und man muss gar nicht erst, wie im

Service | Öffnungszeiten: täglich 7 bis 19 Uhr (Oktober bis März bis 18 Uhr) | Eintritt frei

Roman „Illuminati" so spannend beschrieben, tief in die Nekropole hinunter klettern, um dorthin zu gelangen; das Grab liegt direkt unter dem Altar. Wir sehen die 99 Öllämpchen, die wie auf einer Reling um das Grab herum angeordnet sind. Es sind wirklich nur kleine Lämpchen – wie hat der Camerlengo damit seine Kleidung tränken können?

Keine zwanzig Schritte entfernt, befindet sich in einer kleinen Nische auf dem Boden eine Steinplatte aus weißem Carrara-Marmor. Diese schlichte Marmortafel hat in jüngster Zeit vermutlich noch mehr Pilger angezogen als das Grab Petri. Denn hier liegen die sterblichen Überreste von Papst Johannes Paul II.

Hätten Robert und Vittoria mehr Zeit gehabt …

… dann hätten sie sich sicher dies noch angeschaut:

Kuppel des Petersdoms

Definitiv lohnenswert ist der Weg auf die Kuppel des Petersdoms. Vor allem bei gutem Wetter bietet sich ein unvergesslicher Panoramablick aus 120 Metern Höhe über die Dächer Roms. Am Ende des rechten Seitenschiffs gelangt man per Lift zur Dachterrasse. Konditionsstarke können auch die 537 Treppenstufen zu Fuß gehen. Von dort geht es weiter auf die Spitze der Kuppel.

Service | Öffnungszeiten: täglich 8 bis 18 Uhr, (Oktober bis März bis 17 Uhr) | Eintritt 4 Euro, mit Lift 5 Euro

Nekropole

Die Nekropole kann nur nach Voranmeldung im Rahmen einer Führung besucht werden (Eintritt 9 Euro). Dazu sollte man sich rund 20 Tage vor dem gewünschten Termin schriftlich anmelden und möglichst Alternativwünsche angeben.

Service | Die Adresse: Ufficio Scavi -Fabbrica di San Pietro, 00120 Città del Vaticano | E-Mail: cavi@fsp.va. | Das Deutsche Pilgerbüro gibt nähere Informationen. Tel.: 0039-0668-97197

Die Piazza della Rotonda wird von vielen Römern nur „La Piazza del Pantheon“ genannt; so beherrschend wirkt das antike Monument. Der Platz rund um den Brunnen mit dem kleinen Obelisken wird von Restaurants und Straßencafés gesäumt und ist tagsüber fest in Touristenhand. Erst abends zelebrieren die Einheimischen in den Cafés und Bars rund um den Brunnen ihren großen Auftritt.

Zum Schmunzeln ist die Plakette an der Wand des Gebäudes gegenüber vom Pantheon. Sie erinnert daran, dass im 18. Jahrhundert der Platz auf päpstliche Anordnung hin von zwielichtigen Wirtshäusern geräumt wurde. Nun, diese Tafel hängt ja genau am richtigen Gebäude: Heute finden wir darin eine McDonald's-Filiale!

In den vatikanischen Geheimarchiven findet Robert Langdon in einem Buch von Galileo Galilei ein Gedicht von John Milton. Es enthält einen Hinweis auf einen mysteriösen Pfad durch Rom. Am Ende dieses Weges soll der geheime Treffpunkt der Illuminati zu finden sein.

Santi ist der Nachname des Künstlers, der allgemein unter seinem Vornamen Raffael berühmt ist. „Santi's earthly tomb“ deutet Robert als das Grab Raffaels, welches sich im Pantheon befindet.

Das Pantheon

Das Pantheon ist das besterhaltene Bauwerk der römischen Antike, aber nicht, wie Robert Langdon im Roman behauptet, die älteste katholische Kirche in ganz Rom. Denn das ist die bereits im 4. Jahrhundert unter Kaiser Konstantin erbaute, ehemalige Papstresidenz San Giovanni in Laterano. Seit zwei Jahrtausenden trotzt das Pantheon Feuersbrünsten, Überschwemmungen, Erdbeben und zahlreichen Kriegen.

Markus Agrippa, ein Schwiegersohn von Kaiser Augustus, ließ das Monument im Jahre 27 vor Christus bauen. Sein heutiges Gesicht hat das Pantheon durch den Umbau unter Hadrian im Jahre 125 nach Christus erhalten. Es unterscheidet sich vollständig von der Ur-Version, nur noch die Inschrift an der Fassade weist auf den ursprünglichen Erbauer hin:

M(ARCUS) AGRIPPA L(UCII) F(ILIUS)
CO(N)S(UL) TERTIUM FECIT,

was soviel bedeutet wie „Marcus Agrippa, des Lucius Sohn, (als er) zum dritten Mal Konsul (war), hat (den Tempel) errichtet“.

Abb. oben | *Fast 2000 Jahre alt, aber gut erhalten*

Ursprünglich war das Pantheon ein Heiligtum, das allen Göttern geweiht war (aus dem Griechischen „pan" für „alle" und „theoi" für „Götter"). Die Kuppel symbolisierte das Himmelsgewölbe. Im Jahre 609 weihte es Papst Bonifaz IV. zur christlichen Kirche, zur Santa Maria ad Martyres. Dadurch überstand es im Gegensatz zu vielen anderen heidnischen Monumenten die Jahrhunderte der Christianisierung einigermaßen unbeschadet. Den letzten „Kunstraub" hat Papst Urban VIII. aus der Familie der Barberini auf dem Gewissen. Er ließ 1632 die Bronzeplatten vom Dach der Vorhalle herausnehmen, um Material für Berninis Altarbaldachin in der Peterskirche zu bekommen. Die Meinung der Römer dazu: „Was die Barbaren nicht schafften, schafften die Barberini".

Das Pantheon ist ein architektonisches Meisterwerk. Genial ist und bleibt die gewaltige Kuppel. Sie misst im Durchmesser 43,3 Meter – exakt so viel wie die Gesamthöhe des Gebäudes. Das heißt, eine Kugel mit diesem Durchmesser würde genau im Inneren des Pantheons Platz finden. Kassettenfächer wurden in die Kuppel eingearbeitet, um ihr Gewicht zu verringern. Die einzige Lichtquelle im Raum ist der Oculus, ein neun Meter großes Loch am höchsten Punkt der Kuppel, das vermeintliche „Demon's Hole" (S. 305).

Abb. unten | *Eine geniale Idee: In der Decke eingelassene Kassettenfächer verringern das Gewicht der Kuppel*

Nicht nur Licht und Luft fallen durch die Öffnung, sondern natürlich auch der Regen. Er wird durch 22 Abflusslöcher, die in der Mitte des farbigen Marmorbodens eingelassen sind, in Zisternen weiter geleitet.

Die Kuppel blieb für mehr als ein Jahrtausend die größte Kuppel der Welt. Erst der Dom in Florenz, der im Jahr 1436 errichtet wurde, übertrifft mit seinen 45 Metern Durchmesser das Pantheon. Zum Vergleich: Der Kuppeldurchmesser des Petersdoms ist um 1,40 Meter kleiner.

Die Wände sind durch sieben Nischen unterteilt, in denen einst Götterstatuen standen. Gegen vier Uhr nachmittags trifft der Lichtstrahl durch den Oculus auf eine dieser Nischen auf der linken Seite. Hier, unter einer Marienstatue, finden wir Raffaels Grab. „Ossa et cineres", lesen wir auf dem schlichten Marmorsarkophag – „Knochen und Aschen". Die Grabinschrift stammt vom Venezianer Pietro Bembo: Ille hic est Raffael ... „Hier liegt jener Raffael, von dem die Natur, die Mutter aller Dinge, fürchtete, besiegt zu werden solange er lebte; doch als er starb, da bangte sie, mit ihm zu sterben."

Weitere Prominenz hat im Pantheon ihre letzte Ruhe gefunden: In der sechsten Kapelle befindet sich die Grabstätte des ersten italienischen Königs, Viktor Emanuel II. Wer möchte, kann seine Unterschrift für die Wiedereinführung der Monarchie im Buch neben dem Grab hinterlassen.

SERVICE | Adresse: Pantheon, Piazza della Rotonda | Öffnungszeiten: wochentags 8.30 bis 19.30 Uhr, sonntags 9 bis 18 Uhr, feiertags 9 bis 13 Uhr | Heilige Messe: samstags 17 Uhr, sonntags 10.30 und 16.30 Uhr

Hätten Robert und Vittoria mehr Zeit gehabt …

… dann hätten sie sich sicher dies noch angeschaut:

La Piazza della Minerva

Links am Pantheon vorbei und ein paar Schritte weiter liegt die Piazza della Minerva. Was dort zu sehen ist, dürfte jedem Tierschützer die Haare zu Berge stehen lassen: Ein armer, kleiner Elefant mit einem viel zu großen Obelisken auf seinem Rücken. Auch wenn er mit 5,50 Metern Höhe der kleinste aller römischen Obelisken ist… hier hat sich Bernini eine Gemeinheit ausgedacht!

Abb. oben | *Das arme Tier!*

Gammarelli

Nur ein paar Schritte entfernt liegt der Showroom der geistlichen Mode. „Gammarelli" und „Sartoria per Ecclesiastici" („Schneiderei für Geistliche") steht an der Fassade des kleinen, unscheinbaren Ladens. Seit mehr als 160 Jahren werden hier die Gewänder für den Papst und die anderen römischen Geistlichen gefertigt. Doch auch als weltlicher Kunde kann man hier fündig werden: Wie wäre es mit einem Paar Socken in trendigem Kardinalsrot für nur zehn Euro?

Service | Via di Santa Chiara 34, Öffnungszeiten: montags bis freitags 9 bis 18 Uhr

Gelateria Giolitti

Inzwischen zu bekannt, um noch als Geheimtipp zu gelten, aber hervorragendes Eis gibt es hier trotzdem: in der Gelateria Giolitti. Seit über 100 Jahren bietet der Familienbetrieb in der Obsthochsaison 45 bis 50 unterschiedliche Eissorten an. Lecker!

Service | Via Uffici del Vicario 40, Öffnungszeiten: täglich von 7 bis 1 Uhr.

Raffael, mit vollem Namen Raffaello Sanzio oder auch Santi, wurde vermutlich am 6. April 1483 in Sanzio bei Urbino geboren. Zusammen mit Leonardo da Vinci und Michelangelo gilt er als einer der bedeutendsten Künstler der Hochrenaissance. Bekannt sind seine Madonnenbilder, insbesondere die Sixtinische Madonna (1513–14), die heute in der Gemäldegalerie in Dresden bewundert werden kann.

Die wahren Stars dieses Ölgemäldes sind zweifelsohne die etwas gelangweilt wirkenden Engelchen am unteren Bildrand. Neben der Mona Lisa dürften die beiden zu den bekanntesten Bildmotiven der Kunst schlechthin zählen. Vermutlich gibt es kaum etwas, was noch nicht mit den kleinen Kerlchen zu Kitsch verziert wurde – bis hin zu einem Toilettendeckel aus dem Sortiment eines großen deutschen Versandhauses. Was würde der Künstler wohl dazu sagen?

Ab 1508 folgt Raffael dem Ruf von Papst Julius II. nach Rom. Während Michelangelo nebenan die Decke der Sixtinischen Kapelle ausmalt, beginnt er, die päpstlichen Gemächer, die so genannten Stanzen, mit Wandgemälden auszuschmücken. Die Fresken in der Stanza della Segnatura sind vermutlich Raffaels bedeutendstes Werk (siehe Kapitel Vatikan).

Im Jahr 1514 wurde Raffael von Papst Leo X. zum Bauleiter des Petersdomes ernannt. Ein weiterer bedeutender Auftraggeber in Rom war der Bankier Agostino Chigi. Raffael entwarf die Pläne für die Chigi-Kapelle in der Kirche Santa Maria del Popolo sowie verschiedene Fresken für dessen Haus, die Villa Farnesina.

Am Karfreitag des Jahres 1520 starb Raffael in Rom an einem heftigen Fieber – genau an seinem 37. Geburtstag. Nur einen Tag nach seinem Tod wird er unter großer Anteilnahme der Römer im Pantheon beigesetzt – und nicht erst im Jahre 1759 ins selbige überführt. Raffaels sterbliche Überreste lagen niemals in seinem Geburtsort Urbino, und somit existiert natürlich auch die Plakette im Pantheon nicht.

Abb. unten | *Bekannte Postkartenmotive: die Engel am unteren Bildrand*

La Piazza del Popolo

Die Piazza del Popolo ist einer der größten Plätze Roms und bildet quasi den Nordeingang zur Stadt. Imposant ist der Obelisk in der Mitte. Seine heutige ovale Form erhielt der Platz von dem Architekten Giuseppe Valadier in der napoleonischen Zeit Anfang des 19. Jahrhunderts. Auch der Brunnen um den Obelisken mit den vier ägyptischen Löwen stammt von ihm.

An der Nordseite wird der Platz von der imposanten Porta del Popolo dominiert, die zur Via Flaminia führt. Seit 220 vor Christus verbindet die Via Flaminia, eine Hauptverkehrsader der Stadt, Rom mit der adriatischen Küste. Im 16. Jahrhundert wurde die Porta del Popolo erbaut, ein großes Tor, das die Besucher beeindrucken sollte. Ein Jahrhundert später ließ Papst Alexander VII. sie zum prächtigsten und prunkvollsten Stadttor Roms ausbauen. Die Innenfassade wurde von Bernini mit aufwändigen Skulpturen versehen. Deutlich zu sehen ist die „Sonne über einem dreieckigen Steinhaufen“ – oder wie Robert Langdon folgert „Ein Licht über einer Pyramide“ (S. 330). Dieses Symbol hat jedoch nichts mit Geheimbünden zu tun. Es ist das Wappen des Fabio Chigi, der im Jahre 1655 zum Papst Alexander VII. gewählt wurde. Sein Einfluss hat das Bild Roms ganz entscheidend geprägt, und er ließ das Wappen auf zahlreichen Gebäuden und Kunstwerken in Rom anbringen.

In der Mitte des ovalen Platzes befindet sich ein 3.000 Jahre alter ägyptischer Obelisk aus rotem Granit, mit einer Höhe von 24 Metern (36 Meter inklusive Sockel) der zweithöchste seiner Art in Rom. Er ist der erste Obelisk, den die Reisenden sahen, wenn sie aus nördlicher Richtung auf der Via Flaminia in die Stadt kamen – daher ist er auch bekannt als Obelisco Flaminio.

Robert und Vittoria stellen entsetzt fest, dass sie im Pantheon am falschen Ort suchen. Mit der Hilfe eines römischen Fremdenführers finden sie heraus, dass „Santi's irdenes Grab“ nicht das Grab von Raffael Santi selbst ist, sondern ein von ihm gestaltetes Grab in der Kirche Santa Maria del Popolo im Norden der Stadt. Sie brauchen für die eineinhalb Kilometer lange Strecke über die Via della Scrofa in ihrem Taxi nur etwas mehr als eine Minute zur Piazza del Popolo. (Hmmm… das bedeutet eine Durchschnittsgeschwindigkeit von 90 km/h! Selbst für einen römischen Taxifahrer sehr beachtlich…)

Der Obelisk wurde ursprünglich unter Augustus nach der Eroberung Ägyptens nach Rom gebracht und im Circus Maximus aufgestellt. Erst im Jahr 1589 wurde er unter Papst Sixtus V. an diese Stelle versetzt.

An der Südseite stehen die barocken „Zwillingskirchen" Santa Maria dei Miracoli (rechts vom Platz aus gesehen) und Santa Maria in Montesano (links). Obwohl die Kirchen auf den ersten Blick nahezu identisch aussehen, so sind sie doch recht verschieden. Die rechte Kirche hat eine runde Kuppel, die linke eine ovale. Zwischen ihnen hindurch führt der Weg auf die Shopping-Meile Via del Corso.

Wer die Kirche Santa Maria del Popolo „schräg am Rand eines Hügels, der an den südöstlichen Rand der Piazza grenzte" (S. 331) sucht, sucht vergebens. Sie steht definitiv im Norden des Platzes, ihr Eingang befindet sich direkt neben der Porta del Popolo.

Santa Maria del Popolo

Der Sage nach ließ Papst Paschalis an dieser Stelle einen Nussbaum fällen, in dem Kaiser Neros verfluchte Seele hausen sollte, und im Jahre 1099 errichtete er eine Kapelle zu Ehren der Madonna. Zwischen 1472 und 1479 unter Papst Sixtus IV. wurde die Kirche als eine der ersten Renaissance-Kirchen Roms völlig neu gebaut.

Durch einen aufgebrochenen Nebeneingang an der Rückseite der Kirche gelangen Robert und Vittoria in die Kirche. Sie suchen nach dem „Demon's Hole", dem Dämonenloch.

Wir wählen aber lieber den regulären Weg durch den Haupteingang, zumal die beschriebene Gasse auf der rechten Seite der Kirche der Fantasie des Autors entsprungen ist.

Die Chigi Kapelle

Zur Linken, in der zweiten Nische, befindet sich die Capella Chigi, der erste Altar der Wissenschaften. Sie wurde von Raffael in den Jahren 1513-16 entworfen und gebaut. Auftraggeber war der reiche sienesische Bankier Agostino Chigi.

An dieser Stelle des Romans „Illuminati“ war Dan Brown erfinderisch: Eine Plakette mit dem Hinweis auf das Grab von Alexander Chigi gibt es nicht. Und wenn, hätte auf ihr als Wegweiser der Petersdom gestanden. Denn Alexander Chigi hieß Fabio mit richtigem Vornamen und wurde erst im 17. Jahrhundert zu Alexander – und zwar Papst Alexander VII. In dieser Kapelle liegen Agostino Chigi und sein Bruder Sigismondo begraben.

Roter, glänzender Marmor dominiert die Kapelle. Wir schauen nach oben und entdecken die beeindruckenden Kuppelbilder, die von Raffael entworfen und vom Bildhauer Lorenzetto umgesetzt wurden. Sie stellen die Schöpfung der Planeten dar. Links und rechts an den Seiten der Kapelle ragen zwei Pyramiden auf: die in einer christlichen Kirche höchst ungewöhnlichen Grabsteine der Chigis.

Auf dem Boden entdecken wir das Mosaik mit dem knienden Skelett auf der Steinplatte, die den Eingang zur Begräbnishöhle verschließt. Wir haben es gefunden, das „Demon's Hole“, das Dämonenloch! Ein Abstieg in die unterirdische Gruft, in der in „Illuminati“ der erste Kardinal mit dem Brandmal „Earth“ gefunden wird, ist nicht möglich – das ist aber wohl auch besser so.

Hinter der Pyramide auf der rechten Seite befindet sich Berninis Werk „Habakuk und der Engel“ (1655). Die beiden Figuren zeigen in entgegen gesetzte Richtungen, aber wie hieß es im Gedicht: „Let angels guide you on your lofty quest“ (S. 285).

Abb. oben | *Das Dämonenloch: hier starb der erste Kardinal*

Abb. links | *Ein geheimes Symbol?*

Auch ohne den Zeigefinger, der fehlt, deutet der Engel Michael nach Südwesten – in Richtung des Petersdoms. Aber entgegen Robert Langdons Behauptung stammen nicht alle Skulpturen und Fresken von Bernini. Die Statuen von Jonas und dem Wal sowie von Elias wurden von Lorenzetto geschaffen.

Die Gelegenheit, Gemälde alter Meister kostenlos zu sehen, gibt es selbst in Rom nicht allzu oft. Bevor wir zur nächsten Station gehen, genießen wir daher den Anblick der beiden Caravaggios in der Cerasi-Kapelle links neben dem Altar. „Die Kreuzigung Petri" und „Die Bekehrung Pauli", beeindrucken mit ihren dramatischen hell-dunkel Kontrasten, dem so genannten „Chiaroscuro".

Auch ein Blick in die Cappella Cybo, direkt gegenüber der Capella Chigi, lohnt sich. Ein Traum aus verschiedenfarbigem Marmor macht sie zu einer der kostbarsten Kapellen Roms. Sehenswert sind auch die Fresken Pinturicchios in der Della Rovere Kapelle sowie das Altarbild mit der Anbetung des Christuskindes. Sehr hilfreich sind die Erklärungen auf den Tafeln vor jeder Kapelle.

Abb. oben | *Zwischen den Zwillingskirchen geht es zur Via del Corso*

Abb. links | *Himmlisches Hairstyling*

SERVICE | Santa Maria del Popolo, Piazza del Popolo 12 | Öffnungszeiten: täglich von 7 bis 11 Uhr, von 11.30 Uhr bis 12 Uhr und 15.30 Uhr bis 18 Uhr. Sonn- und feiertags von 8.45 bis 10 Uhr und von 15.30 bis 18 Uhr.

Hätten Robert und Vittoria mehr Zeit gehabt …

… dann hätten sie sich sicher dies noch angeschaut:

Via del Corso

Die Via del Corso ist eine rund eineinhalb Kilometer lange Einkaufsmeile mit zahlreichen Boutiquen, die Mode zu erschwinglichen Preisen anbieten. Sie ist die Hauptflaniermeile der Römer. In der Via del Corso 18 verbrachte Johann Wolfgang von Goethe von 1786 bis 1788 eine der glücklichsten Zeiten seines Lebens. Heute befindet sich dort das Museum „Casa di Goethe".

„Rosati"

Direkt an der Piazza del Popolo befindet sich das „Rosati", ein immer noch elegantes Café. Hier trafen sich in den 50er und 60er Jahren Intellektuelle und Künstler. Heute finden sich dort überwiegend Touristen. Ein schöner, aber nicht ganz preiswerter Platz, um Kraft für die weitere Suche zu tanken.

Service | Café Rosati, Piazza del Popolo 4/5a, geöffnet täglich von 7.30 bis 24 Uhr.

Vittoria und Robert erkennen, dass Bernini der unbekannte Meister der Illuminati ist. Als Liebling der Päpste erschuf er mitten in Rom den Pfad der Erleuchtung.

Es gibt kaum einen anderen Künstler, der das Bild der ewigen Stadt so nachhaltig prägte wie der große Meister des römischen Barock, Gian Lorenzo Bernini. Während sieben Jahrzehnten in Rom diente er unter acht verschiedenen Päpsten und wurde zunächst als Bildhauer, später auch als Architekt gefeiert.

Bernini wurde 1598 in Neapel als Sohn eines Bildhauers geboren. 1606 zog er mit seiner Familie nach Rom. Sein Vater Pietro nahm ihn in die Lehre und schon früh zeigte er seine außergewöhnliche Begabung. Über seinen Förderer Kardinal Maffeo Barberini wurde der Kunstliebhaber und -sammler Scipione Borghese auf ihn aufmerksam. Er beauftragte Bernini mit den Skulpturen „David“ und „Apoll und Daphne“. Diese Frühwerke sind heute in der Villa Borghese ausgestellt.

So richtig auf die Erfolgsspur kam Bernini, als Kardinal Maffeo Barberini 1623 zu Papst Urban VIII. wurde. Nicht schlecht, als 24-jähriger einen solchen Förderer zu haben! Der neue Papst vertraute Bernini sogleich die Ausgestaltung des Petersdoms an. Dieser bedankte sich mit einer seiner eindrucksvollsten Arbeiten, dem Altarbaldachin aus Bronze. Der Kirchenfürst gab viel Geld für die Verschönerung Roms durch seinen Lieblingskünstler aus. Bernini war es recht, und so vollendete er den Palazzo Barberini, schuf den Tritonenbrunnen und den Bienenbrunnen, sowie einige Grabmäler.

Unter Papst Innozenz X. (1644-55) aus der Familie der Pamphili wendete sich das Blatt zunächst gegen Bernini. Es gelang seinem Erzrivalen Francesco Borromini, die päpstliche Gunst als Baumeister zu gewinnen.

Abb. unten | *Berninis Haus: Via delle Mercede 12*

Abb. rechts | *Noch ein Meisterwerk Berninis: der Bronze-Baldachin des Papstaltars im Petersdom*

Bernini zog sich daraufhin aus der Öffentlichkeit zurück. Doch er war nicht untätig, sondern arbeitete an der Ausstattung der Coronaro-Kapelle, wo die „Verzückung der Heiligen Theresa" entstand. Im Jahr 1647 gelang es ihm, wieder einen bedeutenden Auftrag der Kirche zu erhalten: Papst Innozenz war von Berninis Silbermodell des Vierströmebrunnens so angetan, dass er ihm anstelle seines Konkurrenten Borromini den Auftrag zum Bau erteilte. Es heißt, Bernini habe die Idee von seinem Kontrahenten geklaut – klar, dass das nicht zum besseren Verhältnis der beiden Meister beigetragen hat.

Im Jahre 1655 wurde Fabio Chigi zum Papst Alexander VII. gewählt, der die großzügige Kunstpolitik Urbans VIII. wieder aufleben ließ. Auch er war ein Bewunderer Berninis. So durfte Bernini die prächtigen Kolonnaden des Petersplatzes, die Scala Regia im Vatikan und die Cathedra Petri im Petersdom gestalten. Er entwarf die „Perle der Barockarchitektur" Sant'Andrea al Quirinale, gestaltete das Innere der Porta del Popolo neu, und fügte der Chigi-Kapelle in der Kirche Santa Maria del Popolo die Skulptur Habakuk und der Engel hinzu. Berninis letztes Werk unter Papst Alexander wurde der Elefant mit dem Obelisken auf der Piazza della Minerva.

Papst Clemens IX. war bescheidener als seine Vorgänger, was prunkvolle Bauwerke betraf. Während des nur zweieinhalb Jahre währenden Pontifikates (1667-1669) entwarf Bernini die Engel, die die Ponte Sant'Angelo zieren und ließ sie von seinen Schülern umsetzen.

Bernini erlebte noch zwei weitere Päpste, Clemens X. (1670-1676) sowie Innozenz XI. (1679-1689), bevor er im Mai 1680 im Alter von 82 Jahren starb. Seine sterblichen Überreste befinden sich heute in der Kirche Santa Maria Maggiore. Er, der so viele prächtige Grabstätten für andere erschaffen hatte, ruht bescheiden unter einer schlichten Bodenplatte beim Papstaltar.

La Piazza Barberini

Die Piazza Barberini liegt wie eine Insel im Verkehrsstrom der viel befahrenen Via Barberini. Wer Roberts Worten zufolge direkt auf dem Platz nach der Kirche Ausschau hält, reibt sich verwundert die Augen und sucht vergebens: Keine Kirche zu sehen! Aber wenn wir schon einmal hier sind, dann schauen wir uns den schönen Brunnen in der Mitte des Platzes an, den Tritonenbrunnen oder Fontana del Tritone aus dem Jahr 1623. Von keinem anderen als Bernini geschaffen, zeigt er den Flussgott Triton auf einer Muschel, die von vier Delphinen getragen wird.

Im Rücken des Flussgottes sehen wir das Hotel Bernini, in dem Robert und Vittoria nach getanem Werk eine gemeinsame Nacht verbracht haben. Ob es wirklich bei Yogaübungen geblieben ist?

Das Relief auf dem Petersplatz weist den Weg nach Westen. Im vatikanischen Archiv findet Robert in einer Liste der Werke Berninis den Hinweis auf die Skulptur „Die Verzückung der heiligen Theresa". Dieses bekannte Werk von Bernini steht in der Kirche Santa Maria della Vittoria. Zusammen mit Oberst Olivetti von der Schweizergarde macht er sich schnellstens auf den Weg.

Santa Maria della Vittoria

Wir gehen die Via Barberini bergauf, folgen der Biegung nach rechts und sehen uns gleich von zwei Kirchen umgeben. Die linke ist die gesuchte Barockkirche Santa Maria della Vittoria, deren eher unscheinbares Äußeres nicht ahnen lässt, dass sich in ihr eine Skulptur befindet, die Bernini selbst als sein Meisterwerk bezeichnete: „Die Verzückung der heiligen Theresa".

Zum Glück erwartet uns heute kein Anblick eines brennenden Kardinals in der Mitte des Kirchenraumes.

Abb. rechts | *Eine verzückte Heilige: der dritte Altar der Wissenschaft*

Abb. unten | *Von des Autors Phantasie an einen anderen Ort versetzt*

Direkt vor dem Altar auf der linken Seite in einer Kapelle, die nach der Stifterfamilie Coronaro-Kapelle genannt wird, befindet sich die Skulptur. Durch eine Balustrade von der Kirche abgetrennt, präsentiert sich das beeindruckende Kunstwerk gleichsam schwebend dem Betrachter. Nirgendwo ist eine Stütze sichtbar, um das tonnenschwere Werk aus Carrara-Marmor in seiner Position zu halten – eine vollkommene Illusion.

Wir erblicken einen schwebenden Engel, der im Begriff steht, mit seinem Pfeil das Herz Theresas zu durchbohren. Bernini ließ sich von der Autobiografie der Heiligen inspirieren und interpretierte den Moment größter ekstatischer Verzückung. Bei der Intensität dieser Darstellung ist es durchaus nachvollziehbar, dass es seinerzeit bei der Enthüllung des Werkes zu einem Skandal gekommen ist. Allerdings irrt Robert Langdon: Die Heilige Theresa ist niemals im Vatikan aufgestellt und kurz danach wieder entfernt worden, weil sie „sexuell zu explizit sei" (S. 427). Erst recht nicht auf Anordnung des Papstes Urban VIII., denn dieser starb bereits 1644, während die Skulptur erst über fünf Jahre später fertig gestellt wurde.

Service | Santa Maria della Vittoria, Via XX Settembre 17 | Besuchszeiten: wochentags von 7.30 bis 11 Uhr; von 11.30 bis 12 Uhr und von 15.30 bis 18 Uhr. Sonn- und Feiertags von 8.45 bis 10 Uhr und von 15.30 bis 18.30 Uhr

Hätten Robert und Vittoria mehr Zeit gehabt …

… dann hätten sie sich sicher dies noch angeschaut:

Trevi-Brunnen

Von der Piazza Barberini die Via del Tritone entlang, links in eine Seitenstraße einbiegen und den Touristenmassen folgen. Bevor man ihn sehen kann, hört man bereits das Rauschen des größten und berühmtesten Brunnens Roms – wahrscheinlich sogar weltweit: Die Fontana di Trevi. Dieses beeindruckende Meisterwerk stammt ausnahmsweise einmal nicht von Bernini, sondern von Nicola Salvi aus dem Jahr 1762. Weltbekannt wurde die Fontana di Trevi durch die Badeszene in dem Fellini-Klassiker „La Dolce Vita“ aus dem Jahr 1959. Aber nicht, dass jemand auf die Idee kommt, es Anita Ekberg nachzutun: Ein Bad im Trevi-Brunnen ist strengstens verboten. Ebenso verboten ist es, die Geldstücke aus dem Brunnen herauszuholen, die Touristen alljährlich hier versenken. Die Legende sagt, wer mit dem Rücken zum Brunnen eine Münze mit der rechten Hand über die linke Schulter in das Wasser wirft, wird nach Rom zurückkehren. So landen auf diese Weise jedes Jahr einige Millionen Euro im Wasser, die der Caritas zu Gute kommen.

Die Piazza Navona ist ein Gesamtkunstwerk und für viele der schönste und stimmungsvollste Platz Roms. Es macht Spaß, auf der Terrasse eines der vielen Cafés zu sitzen, zu relaxen und das quirlige Treiben zu beobachten. Der Hinweis auf das hervorragende Tartufo-Eis in der Gelateria Tre Scalini ist in jedem Reiseführer seit Jahren zu finden, und mit jeder weiteren Erwähnung scheint der Preis zu steigen: inzwischen liegt er bei acht Euro. Wer sparen möchte, setzt sich mit seinem mitgebrachten Getränk einfach auf eine der Steinbänke und genießt das Ambiente von dort aus. Nachwuchs-Michelangelos portraitieren Touristen, Wahrsagerinnen lesen nur Gutes aus ihren Tarotkarten und lebende Statuen lassen sich nicht aus ihrer Position bringen. Nur, wenn tatsächlich Antimaterie in Rom versteckt wäre, und alle sich auf dem Petersplatz oder vor den Bildschirmen versammelt hätten, nur dann könnte man sich vorstellen, dass dieser Platz um kurz vor elf Uhr abends jemals so verlassen da liegen würde, wie Robert Langdon ihn in „Illuminati“ vorgefunden hat.

Der Engel von Berninis Skulptur „Verzückung der heiligen Theresa“ deutet mit seinem Feuerspeer Richtung Westen. Robert lässt sich einen Stadtplan geben und erkennt plötzlich: Berninis Fontana dei Fiumi auf der Piazza Navona muss der letzte Wegweiser sein …

Das lang gezogene Oval der Piazza verrät ihren Ursprung: einst war dieser Ort eine Wettkampfarena, die im ersten Jahrhundert nach Christus unter Kaiser Domitian angelegt wurde. Aus dem damaligen Namen, „Circus Agonalis“, leitet sich der heutige Name ab; aus „in agone“ wurde „n'agone“, dann „navone“ und schließlich „navona“.

Abb. links | *Anziehungspunkt für Millionen Touristen und noch mehr Münzen*

Abb. rechts | *Selbst bei Regenwetter noch gut besucht: die Piazza Navona*

Bis ins 19. Jahrhundert hinein wurde der Platz regelmäßig im August mit Wasser geflutet. Kinder planschten im Wasser, und Adelige fuhren mit ihren Kutschen durch das Wasser auf dem gleichen Kurs, den schon antike Wagen beim Rennen fuhren.

Im 17. Jahrhundert ließ Papst Innozenz X. den Platz über den antiken Fundamenten der Arena neu gestalten. Das Bild wird von barocken Fassaden bestimmt, deren dominierende die der Kirche Sant' Agnese in Agone ist. In der Mitte steht das Prunkstück: die berühmte Fonatana dei Quattro Fiumi, auf deutsch Vier-Ströme-Brunnen.

Abb. rechts | *Der Vier-Ströme-Brunnen: der letzte Altar der Wissenschaft*

La Fontana dei Quattro Fiumi

In der Mitte der Piazza erhebt sich unübersehbar der sagenhafte Brunnen, der in den Jahren 1648-51 von Bernini erbaut wurde. Das Zentrum bildet ein mächtiger Steinblock, auf dem sich ein Obelisk erhebt. Auf der Spitze des Obelisken in über 16 Metern Höhe thront die Skulptur einer Taube mit einem Olivenzweig im Schnabel. Sie ist das Wappentier der Familie des Papstes Innocent X., der Pamphili.

Wie auch immer Robert Langdon das geschafft haben mag: es wäre nicht wirklich einfach, den Sockel des Brunnens zu erklimmen. Und selbst wenn man das geschafft haben sollte, würde der Blick nicht über die Gebäude rund um den Platz hinweg reichen – nicht einmal von der Spitze des Obelisken aus …

Beim Blick in das Wasser staunen wir, wie man sich anstellen muss, um in diesem Brunnen zu ertrinken. Das Wasser ist keine 40 Zentimeter tief. Auch in Ketten gelegt wäre das nicht einfach.

Die vier Giganten auf den Ecken des Sockels stellen die größten damals bekannten Flüsse dar, jeweils geschmückt von Pflanzen und Tieren der zugehörigen Erdteile. Zugleich sind sie Sinnbilder für den Herrschaftsanspruch der katholischen Kirche über die Erde.

Für Europa steht die Donau mit dem Pferd, für Asien der Ganges mit einer Schlange, die sich um das Steuerruder windet. Die Figur des Nil hat ihr Haupt verhüllt als Zeichen, dass seine Quellen damals noch nicht bekannt waren. Vielleicht trauert sie aber auch um die Entführung des Obelisken aus ihrer Heimat Ägypten? Und zuletzt: der Rio de la Plata mit der erhobenen Hand als Symbol für Amerika.

Hätten Robert und Vittoria mehr Zeit gehabt …

… dann hätten sie sich sicher dies noch angeschaut:

Sant'Agnese in Agone

Dem Brunnen gegenüber steht die Kirche Sant'Agnese in Agone, die von Borromini, Berninis größtem Rivalen, entworfen wurde. Und so heißt es, der Rio de la Plata erhebt abwehrend die Hand, denn er befürchtet, die Kirche könne einstürzen. Der Nil verhüllt sein Gesicht aus Abscheu über die Baufehler des Borromini-Bauwerkes. Im Gegensatz dazu wendet die Statue der Heiligen Agnes an der Kirchenfassade in arroganter Pose den Kopf ab und würdigt den Brunnen des Gegenspielers keines Blickes. Soweit der römische Volksmund. Historische Tatsache ist jedoch, dass mit dem Bau der Kirche erst zwei Jahre nach Fertigstellung des Brunnens begonnen wurde.

La Fontana del Nettuno

Im Norden des Platzes sprudelt der Neptunbrunnen (Fontana del Nettuno), südlich davon der ebenfalls von Bernini gestaltete Mohrenbrunnen (Fontana del Moro). Nett anzuschauen sind die wasserspeienden Gesichter, an die sich kleine Drachen schmiegen.

Die Engelsbrücke

Der einzige (offizielle) Zugang zum Castel Sant'Angelo führt über die Ponte Sant'Angelo, die Engelsbrücke. Sie ist die schönste aller römischen Tiberbrücken und nur für Fußgänger zugänglich. Am Eingang erwarten uns zwei Statuen, die Apostel Paulus und Petrus. Die zehn Engelsstatuen auf der Brücke wurden von Berninis Schülern in den Jahren 1667-69 nach dessen Entwürfen geschaffen. Definitiv neueren Datums sind die „original" Designer-Handtaschen und Sonnenbrillen, die von zahlreichen Verkäufern angeboten werden. Interessant ist es zu beobachten, wenn hier Carabinieri auftauchen. Denn dann scheinen sich die Händler mitsamt ihrer Ware in Sekundenschnelle in Luft aufzulösen.

Die Taube auf dem Obelisken auf der Fontana dei Quattro Fiumi, in dem der vierte entführte Kardinal ertrunken ist, gibt Robert den entscheidenden Hinweis auf die letzte Station. Sie schaut in die Richtung zu einem der berühmtesten Bauwerke Roms: Zum Castel Sant' Angelo, der Engelsburg. Dort steht der Altar der Erleuchtung. Und dort hält der Assassine Vittoria gefangen…

Die Engelsburg

Der römische Kaiser Hadrian ließ den Bau in seinen letzten Lebensjahren als Grabmonument für sich und seine Familie beginnen. Im Jahre 139, ein Jahr nach seinem Tod, wurde er fertig gestellt. Die nächsten achtzig Jahre diente die Burg als Mausoleum für die römischen Herrscher. Unter Kaiser Aurelian wurde das Monument wegen seiner strategisch wichtigen Lage in die Stadtmauer mit einbezogen und zur stärksten Festung Roms ausgebaut.

Seinen heute gebräuchlichen Namen erhielt die Engelsburg im Jahre 590, während die Pest in der Stadt wütete. Papst Gregor erschien eine Vision des Erzengels Michaels über dem Festungsbau und verkündete ihm das Ende der todbringenden Seuche, indem er sein Schwert in die Scheide zurücksteckte. Zur Erinnerung daran stand auf der Spitze der Burg ein Engel aus Marmor. Im 18. Jahrhundert wurde dieser dann durch die heutige Skulptur aus Bronze ersetzt, der Marmorengel ist nun im Innenhof zu sehen.

Ab dem 10. Jahrhundert gehörte die Engelsburg zum Besitz der Päpste und diente ihnen als Zufluchts- und Aufenthaltsort. In den kommenden Jahrhunderten wurde die Festung immer wieder zu verschiedenen Zwecken genutzt. Im Mittelalter diente sie auch als Gefängnis und manchmal sogar als Folterkammer. Auch Galileo Galilei wurde hier einst gefangen gehalten. Im Jahre 1870 ging der Festungsbau in den Besitz des italienischen Staates über und wurde zu einer Kaserne umfunktioniert. Anfang des letzten Jahrhunderts erhielt er seine vorerst letzte Bestimmung als Museum.

Abb. oben | *Obwohl bewaffnet, ist das nicht der Assassine*

Abb. links | *Wo wird Vittoria gefangen gehalten?*

Service | Adresse: Lungotevere Castello 50 | Öffnungszeiten: dienstags bis sonntags von 9 bis 19 Uhr, montags geschlossen. Eintritt 5 Euro

Durch viele Um- und Anbauten mit immer neuen Höfen, Sälen, Magazinen, Treppen und Gängen bildete sich eine komplizierte Gebäudestruktur. Daher können wir auch Roberts Weg nicht genau nachvollziehen. Vom Eingang führt eine 120 Meter lange Rampe spiralförmig aufwärts – sie sieht auf den ersten Blick aus wie die Zufahrt zum privaten Parkhaus von Kaiser Hadrian. Sie bringt uns hinaus in den Engelshof, den die Marmorstatue von Erzengel Michael mit dem Schwert bewacht. In diesem Hof beginnt die Besichtigung der päpstlichen Gemächer und des Museums. Verwirrend! Über Treppen, Terrassen und Innenhöfe gelangt man in verschiedene päpstliche Säle, Kammern und Appartements. Besonders schön ist die Sala Paolina mit Fresken aus dem 16. Jahrhundert. Selbst eine Zufluchtsstätte für Notfälle muss noch etwas hermachen, als Papst ist man ja schließlich nicht irgendwer.

Irgendwann finden wir die engen Stufen, die uns hoch auf die obere Terrasse bringen. Der Aufstieg hat sich gelohnt, denn der Ausblick ist fantastisch! Rom liegt zu unseren Füßen. Opernfreunde wissen, dass Tosca in Puccinis gleichnamiger Oper diesen Ausblick nicht so genossen hat wie wir, sondern sich von hier aus in die Tiefe stürzte. Ob der Assassine auch diesen Weg genommen hat?

Den besten Ausblick hat zweifelsohne der stolze Bronzeengel. Und dieser stammt nicht, wie Robert Langdon sich so sicher ist, von Bernini, sondern von dem flämischen Bildhauer Pieter van Verschaffelt aus dem Jahre 1752.

Il Passetto – Der Fluchtweg der Päpste

Von den Terrassen der Burg ist eine Mauer zu sehen, die die Engelsburg mit dem Apostolischen Palast verbindet. Darin liegt der Passetto, was übersetzt soviel heißt wie „kleiner Korridor", ein etwa 800 Meter langer, zinnenbewehrter Gang. Dieser Fluchtgang, auch Corridore di Borgo genannt, wurde von Papst Nikolaus III. im 13. Jahrhundert gebaut. Im Jahre 1527 rettete er Papst Clement VII. beim Sacco di Roma durch die Flucht zum Castel Sant'Angelo das Leben. So also konnte der Assassine unbemerkt in den Vatikan gelangen! Wir können diese Abkürzung leider nicht nehmen, denn der Zugang ist für die Öffentlichkeit geschlossen.

Abb. oben | *Der geheime Weg des Assassine*

Abb. links | *Sein Schwert wird gerade geschliffen: Erzengel Michael*

Die Tiberinsel

Die Tiberinsel (Isola Tiberina) sieht von ihrer Form her aus wie ein riesiges Schiff mitten im Tiber. Sie wird seit jeher mit „Heilung" in Verbindung gebracht, und nicht erst seit der Pest im Jahr 1656. Bereits um 289 vor Christus wird Aesculap, dem Gott der Heilkunst, hier ein Tempel geweiht. Die Tradition der Medizin lebte durch die Jahrhunderte hindurch bis heute auf der Insel: Das Hospital der Barmherzigen Brüder (Ospedale Fatebenefratelli) ist heute ein modernes Krankenhaus.

Auf der überschaubaren Insel befindet sich neben dem Hospital noch eine alte Kirche, San Bartolomeo. Sie wurde um 1000 vor Christus vom deutschen Kaiser Otto III. auf den Ruinen des ehemaligen Tempels erbaut.

Die Brücke Ponte Fabricio verbindet die Insel mit dem rechten Ufer. Sie stammt aus dem Jahr 62 vor Christus und ist die älteste, heute noch im Ursprungszustand erhaltene Brücke Roms.

Nach dem todesmutigen Sprung aus dem Hubschrauber und dem Gleitflug mit der Persenning als Fallschirmersatz stürzt Robert Langdon in den Tiber, kurz vor dem Ufer der Tiberinsel. Dort wird er von einem Arzt herausgezogen und wiederbelebt.

Abb. unten | *Gut, dass ein Arzt anwesend war, als Robert Langdon hier tauchte!*

Das Hotel Bernini

Der Vatikan ist gerettet, die Antimaterie zerstört. Wie in den meisten spannenden Thrillern ist auch hier am Ende alles noch einmal gut gegangen – fast alles jedenfalls.... Robert und Vittoria erholen sich von den Strapazen der letzten Stunden in einer Suite im Hotel Bernini.

Direkt an der Piazza Barberini liegt das Luxushotel Bernini Bristol. Die eher schlichte Außenfassade lässt die Klasse des Hotels nicht vermuten. Tritt man jedoch durch die Eingangstür, die von einem Portier in Uniform geöffnet wird, bietet sich ein überraschendes Bild. Glänzender Marmor in verschiedenen Farben dominiert den Eingangsbereich. In der großzügigen Loggia versetzen antike Möbel, Säulen und Wandteppiche aus dem 18. Jahrhundert den Besucher in eine längst vergangene Zeit.

Abb. oben | *Ein schöner Empfang: die Lobby*

Eröffnet im späten 19. Jahrhundert, gehört es zu den traditionsreichsten Hotels der Stadt. Die Lage am Anfang der Via Veneto, der ehemaligen Prachtmeile der Stadt, zog Prominenz an. So beherbergte das Hotel Bernini Bristol bereits so illustre Gäste wie den deutschen Kaiser Friedrich III., Aristoteles Onassis, Sir Peter Ustinov, Schauspielerin Anita Ekberg und viele andere Berühmtheiten. Im Lauf der Zeit wurde es umgebaut und renoviert, ohne seinen erhabenen Charakter zu verlieren. Heute zählt das Fünf-Sterne-Hotel nicht nur Geschäftsleute, Politiker und Diplomaten aus der ganzen Welt zu seinen Gästen, sondern auch Reisende, die den Luxus des Besonderen genießen möchten.

Das Hotel verfügt über 127 unterschiedlich eingerichtete Räume, die edel und stilvoll ausgestattet sind. Das Highlight sind die Suiten – auch preislich. Für 1.449 Euro pro Nacht (!) bekommt man die Präsidenten-Suite mit eigener großzügiger Dachterrasse. Das, so wurde uns gesagt, sei zwar der offizielle Kurs, den aber niemand wirklich zahlt. In Wirklichkeit gibt es die Suite schon für knapp über 1.000 Euro. Da sind wir aber beruhigt…

Realistischer und passend für Thriller-Touristen ist da schon das „Angels and Demons Package“: Zwei Nächte im Doppelzimmer mit Blick auf den Tritonenbrunnen, inklusive Frühstück und Eintrittskarten für eine Galerie schlagen mit ca. 530 Euro zu Buche.

Ein Tipp ist der Besuch des Hotelrestaurants „L'Olimpo“, das sich auf der Dachterrasse befindet. Der 360-Grad-Panoramablick über Rom ist atemberaubend! Und von welchem anderen Punkt der Stadt hat man die Gelegenheit, während des Essens auf die beleuchtete Kuppel des Petersdoms zu blicken? Rund 40 Euro für das Menü pro Person sind für dieses Erlebnis noch überschaubar. Natürlich sollte man rechtzeitig vorbestellen.

Service | Hotel Bernini Bristol, Piazza Barberini 23, Tel.: 0039-06488931, Fax: 0039-064824266 , E-Mail: Reservationsbb@sinahotels.it Internet: www.berninibristol.com

Abb. oben | *Restaurant mit Ausblick*

Abb. links | *Spielwiese für Yoga-Übungen?*

Auf eigene Faust: zu Fuß auf den Spuren von „Illuminati“

Die empfohlene Tour führt zu den Schauplätzen von „Illuminati“, nicht in der Reihenfolge der Handlung, sondern aufgrund ihrer tatsächlichen Lage. Darüber hinaus gibt es rechts und links des eigentlichen Weges noch eine Menge Schönes zu sehen.

Wir beginnen unsere Tour an der Piazza del Popolo. Sie ist mit der Metro (Station Flaminio) sowie mit zahlreichen Buslinien gut zu erreichen. Dort betreten wir die Kirche Santa Maria del Popolo und schauen uns den ersten Altar der Wissenschaften an: Die Chigi-Kapelle mit dem Dämonenloch und der Skulptur von Habakuk und dem Engel. Wer wenig Zeit hat, steigt danach in die Metro und fährt mit der Linie A zwei Stationen bis zur Haltestelle Barberini.

Schöner, als sich unterirdisch zu bewegen, ist es natürlich oberhalb des Erdbodens. Von der Piazza aus gehen wir den gewundenen Weg hoch zum Pincio Park und genießen den wunderbaren Ausblick über Rom. Weiter geht es oben auf der Viale Trinità dei Monti bis zur gleichnamigen Kirche, die über der Piazza di Spagna liegt. Beide sind miteinander verbunden durch die weltberühmte Spanische Treppe. Die Treppe ist ein beliebter Treffpunkt bei Touristen, besonders für Reisegruppen. Wir schreiten die Treppe hinab und passieren unten angekommen die Fontana della Barcaccia, Berninis letzten prunkvollen Brunnen.

Abb. oben | *Er hat in 3000 Jahren vieles gesehen: Der Obelisk auf der Piazza del Popolo*

Direkt geradeaus geht es in die Via dei Condotti, Edeladresse Roms mit den Boutiquen der Stardesigner Armani und Valentino. Doch wir sind heute leider nicht auf Shoppingtour, deshalb gehen wir nicht weiter als bis zur Hausnummer 86. Denn dort steht das wohl berühmteste Café Roms, das Antico Caffè Greco. Hier hat schon Johann Wolfgang von Goethe seinen Cappuccino genossen.

Wir kehren um und halten uns vor dem Brunnen rechts entlang der Via Propaganda. Die vierte Straße rechts ist die Via della Mercede. Direkt auf der rechten Seite, am Haus Nummer 12, sehen wir die Gedenktafel mit der Büste von Bernini. Er war einst Besitzer des gesamten Gebäudes und lebte hier von 1642 bis zu seinem Tode. Nun geht es weiter auf die belebte Via del Tritone, auf die wir linker Hand einbiegen. Kurze Zeit später erreichen wir die Piazza Barberini mit dem Tritonenbrunnen. Geradeaus steht das Hotel Bernini, doch wir biegen vorher links ab in die Via Vittorio Veneto. An der Ecke sehen wir einen weiteren kleinen Brunnen von Bernini, den Bienenbrunnen. Rechter Hand geht es einige Stufen hinauf zur Kirche Santa Maria della Concezione. In der Gruft befinden sich die Gebeine von rund 4.000 Kapuzinermönchen. Die Gebeine wurden nicht einfach nur gestapelt, mit ihnen wurden die Wände der Grabkapellen schaurig-schön dekoriert. Selbst die Kronleuchter sind aus Knochen.

Nach soviel Gruseln brauchen wir eine Stärkung. Ein Cappuccino in der Lobby des Hotel Bernini baut uns wieder auf. Gestärkt gehen wir die Via Barberini bergauf, folgen der Biegung nach rechts und sehen uns gleich von zwei Kirchen umgeben. Die linke ist die gesuchte Barockkirche Santa Maria della Vittoria, in der die Heilige Theresa verzückt wird. Hier fand – im Roman „Illuminati" – der dritte Kardinal den Tod in den Flammen. Nach der Besichtigung nehmen wir den selben Weg wieder zurück zur Piazza Barberini, gehen noch etwas weiter die Via del Tritone entlang und biegen links ab in die Via della Panetteria. In der Eisdiele San Crispino gönnen wir uns ein Gelato und folgen den Touristenmassen nach rechts. Rauschen ist schon zu hören, bevor er ins Blickfeld gerät: der Trevi-Brunnen, der eindrucksvollste aller römischen Brunnen. Hier können wir uns mit unserem Eis auf die Stufen setzen und das quirlige Treiben beobachten – sofern wir noch ein freies Plätzchen finden.

Nachdem wir noch eine Münze über die Schulter in den Brunnen geworfen haben, das ist natürlich touristische Pflicht, geht es weiter. Wir überqueren die Via del Corso und befinden uns auf der Piazza Colonna. Die 42 Meter hohe Mark-Aurel-Säule vor uns berichtet in ihren Reliefs von den Feldzügen des Kaisers gegen die Barbaren. Nun befinden wir uns mitten im Zentrum der italienischen Politik: Zur Rechten der Palazzo Chigi, Sitz des Ministerpräsidenten. Direkt dahinter befindet sich der Palazzo di Montecitorio, wo das italienische Parlament tagt. Der Obelisk auf dem Platz ist sehr alt, Kaiser Augustus brachte ihn von einem seiner Feldzüge mit.

Abb. oben | *Keine Hörnchen: die Eisdiele San Crispino*

Abb. links | *Der Treffpunkt zum Flirten: die Spanische Treppe*

Den Obelisken im Rücken, gehen wir weiter die Via Uffici del Vicario entlang, wo Naschkatzen die Möglichkeit haben, sich in der GELATERIA GIOLITTI zu erfrischen. Links hinter der Gelateria biegen wir in die Via della Maddalena ein und kommen so auf die Piazza della Rotonda, auf der sich das PANTHEON mit dem Grab Raffaels befindet. Nach der Besichtigung gehen wir ein paar Schritte links am Pantheon vorbei und gelangen auf die Piazza Minerva mit dem ELEFANTEN-OBELISKEN. In der Via di Santa Chiara schauen wir kurz ins Schaufenster von PAPSTSCHNEIDER GAMMARELLI, überqueren den vielbefahrenen Corso del Rinascimento und gelangen so auf die PIAZZA NAVONA.

Wir setzen uns auf eine der Steinbänke und genießen die Atmosphäre des belebten Platzes mit seinen drei Brunnen. Nachdem wir die FONTANA DEI QUATTRO FIUMI, in der im Roman der vierte Kardinal ermordet wurde, ausreichend gewürdigt haben, schenken wir auch den beiden kleineren Brunnen unsere Aufmerksamkeit.

Wie verlassen den Platz in nördlicher Richtung und gehen die Via di Coronari entlang, auf der zahlreiche kleine Geschäfte Antiquitäten anbieten – die meisten zu recht beeindruckenden Preisen. Am Ende der Straße angekommen, biegen wir an der Piazza rechts in die Via di Panico ein, überqueren den Lungotevere und werden bereits von den Engeln auf der PONTE SANT'ANGELO begrüßt.

Im Slalom weichen wir den fliegenden Händlern aus und erreichen hinter der Brücke die ENGELSBURG, die geheime Kirche der Illuminati. Hier kaufen wir die erste und einzige Eintrittskarte des heutigen Tages, die uns den Zutritt zu diesem Monument gewährt.

Abb. oben | *Nur keine Angst!*

Abb. rechts | *Design by Michelangelo: die Kuppel des Petersdoms*

Darum lassen wir uns auch Zeit, besichtigen das Bauwerk ausgiebig und genießen den Ausblick von der Terrasse bis hinüber zum Vatikan.

Wer nur diesen einen Tag Zeit hat, auf den Spuren Robert Langdons durch Rom zu wandeln, der wird nun weiter auf der prächtigen Via della Conciliazione in Richtung Petersplatz eilen. Unter dem Obelisken wurde der zweite der ermordeten Kardinäle gefunden, und auch der Wegweiser mit dem Abbild des Westwindes findet sich hier. Wenn die Zeit noch reicht, sollte man unbedingt den Petersdom von innen anschauen und erleichtert zu Kenntnis nehmen, dass diese wunderschöne Kirche nicht wirklich durch Antimaterie bedroht wird.

Allen anderen wird empfohlen, mindestens einen halben Tag (vormittags) für die Besichtigung des Vatikans einzuplanen, angefangen mit der Sixtinischen Kapelle über die Museen und das Kirchenschiff, und den Ausflug mit einem Blick von der Kuppel der Peterskirche hinab auf die Ewige Stadt zu beschließen.

Geführte Illuminati-Touren durch Rom

Mehrere Anbieter führen inzwischen Illuminati-Touren durch, mal zu Fuß, mal mit eigenem Minibus. Wer also statt auf eigene Faust lieber mit einem Reiseleiter unterwegs ist, findet hier eine Auswahl:

Roma Culta

Service | Telefon: 0039-33 87 60 74 70. Internet: www.romaculta.it.

Das deutschsprachige Kunsthistoriker-Team hat den Anspruch, nicht nur Daten und Fakten aufzuzählen, sondern die Zusammenhänge zu erklären und einen lebendigen Eindruck der Stadt zu vermitteln. Ein Angebot für die Tour, die alle Schauplätze abdeckt, gibt es auf Anfrage.

Cultural Association Dark Rome

Service | Telefon: 0039-699 700465, Internet: www.angelsanddemons.it.

Der Präsident des Kulturvereins hat ein Händchen für PR; ein Bericht über seine Touren wurde in allen möglichen internationalen Zeitungen und Zeitschriften gedruckt. Die vierstündige Gruppentour, bei der man im Minibus zu allen wichtigen Schauplätzen gebracht wird, gibt es ab 49 Euro pro Person. Ein Cappuccino und der Eintritt für die Engelsburg sind darin enthalten. Wer es individueller mag, kann einen privaten Guide buchen. Für 200 Euro (für Gruppen bis zu drei Personen) wird man sogar mit dem Auto durch Rom kutschiert.

Rome made to measure

Seit mehr als sieben Jahren bietet der Veranstalter Rome made to measure geführte Touren an, darunter inzwischen auch drei verschiedene „Angels & Demons"-Touren. Tour 1 dauert sechs Stunden und beinhaltet den Besuch des Vatikans mit der Sixtinischen Kapelle, St. Peter und der Engelsburg. Stationen der 2. Tour, die ebenfalls sechs Stunden dauert, sind Santa Maria del Popolo, Trevi Brunnen, Pantheon, Piazza Navona, Santa Maria della Vittoria und einige weitere Kirchen. Das dritte Angebot ist eine Tagestour, die inklusive Mittagessen neun Stunden dauert und alle im Buch beschriebenen Sehenswürdigkeiten umfasst.

Der Preis wird nicht pro Person festgelegt, sondern für eine Gruppe von zwei bis acht Teilnehmern. Bei den ersten beiden Touren beträgt er 340 Euro zuzüglich Eintrittsgeldern (für Einzelpersonen 306 Euro), die dritte Tour schlägt mit 440 Euro (Einzelpersonen 396 Euro) zu Buche. Wer möchte, kann auch mit einem Golf-Car durch die römische Innenstadt düsen – gegen Aufpreis natürlich.

Service | Buchung telefonisch unter 0039-339 6253905 oder im Internet unter www.nerone.cc.

Tourome

Fünf verschiedene Touren bietet Tourome an, die kürzeste dauert drei Stunden. Der Preis richtet sich nach der Anzahl der Teilnehmer, Dauer und Transport (Minibus). Eine Einzelperson zahlt 113 Euro, bei einer Gruppenbuchung ab vier Personen kostet die Teilnahme 36 Euro pro Person.

Service | Internet: www.tourome.com.

Nach Rom kommen

Empfehlenswert ist die Anreise von Deutschland, Österreich oder der Schweiz aus mit dem Flugzeug. Nicht nur, dass es am schnellsten geht, das Autofahren in Rom ist nur etwas für Hartgesottene.

Rom hat zwei internationale Flughäfen. Der Flughafen Leonardo da Vinci ist auch bekannt unter dem Namen Aeroporto Fiumicino, das internationale Kürzel lautet FCO. Er befindet sich ungefähr 30 Kilometer südwestlich von Rom und wird vor allem von den großen Linienmaschinen angeflogen.

Folgende Airlines fliegen Fiumicino an:

Lufthansa	www.lufthansa.com
Air Berlin	www.airberlin.com
Germanwings	www.germanwings.de (von Köln-Bonn, Stuttgart)
dba	www.flydba.com (von München)
Austrian Airlines	www.aua.com
Swiss	www.swiss.com

Ciampino (CIA) ist der zweite Flughafen Roms. Er befindet sich 15 Kilometer südöstlich der Stadt. Neben einigen Billig-Airlines starten und landen hier viele Charterflüge. Zudem ist er der Militärflughafen Roms, was bedeutet, dass er bei Großanlässen gesperrt werden kann.

Folgende Billig-Airlines fliegen Ciampino an:

Easyjet	www.easyjet.de (von Berlin, Dortmund, Basel, Genf)
Hapag-Lloyd Express	www.hlx.com (von Hannover)
Ryanair	www.ryanair.com. (Von Hahn, Karlsruhe/Baden, Klagenfurt)

Vom Flughafen in die Stadt

Fiumicino

Der „Leonardo Express" fährt in der Zeit von 6.37 Uhr und 23.37 Uhr alle 30 Minuten nonstopp zum Termini, dem Hauptbahnhof von Rom. Die Fahrtzeit beträgt etwa 40 Minuten, die Kosten betragen 9,50 Euro. Einfach im Flughafen den Schildern mit der Aufschrift „Treno" (Züge) folgen und die Tickets am Automaten vor dem Bahnsteig lösen.

Die Fluglinie Germanwings hat in Kooperation mit der Transportfirma Schiaffini einen Bus-Shuttle nach Termini eingerichtet. Der Shuttle startet auf der Ankunftsebene des Flughafens vom Terminal B aus 40 Minuten nach Landung der Germanwings-Maschinen. Die Tickets werden im Bus vor Ort erworben. Die Fahrt dauert 45 bis 60 Minuten und kostet 8 Euro.

Taxifahrten sind deutlich teurer als in Deutschland. Zu den Hauptverkehrszeiten kann die Fahrt zudem eine recht zeitraubende Angelegenheit sein. Wichtig: Nur die offiziellen Taxis nutzen! Sie erkennt man daran, dass sie weiß und mit einem Taxameter ausgestattet sind. Vor allen Terminals gibt es Taxistände im Ankunftsbereich. Die Fahrt nach Rom dauert ungefähr 45 Minuten und schlägt mit ca. 45 bis 50 Euro zu Buche.

Ciampino

Wer mit Ryanair oder Easyjet ankommt, hat es am bequemsten. Beide Gesellschaften kooperieren mit Busunternehmen: Die Abfahrten der Terravision-Busse (Ryanair) sowie der Schiaffini Shuttles (Easyjet) sind auf den jeweiligen Flugplan abgestimmt. Bis Roma Termini dauert der Transfer jeweils ca. 50 Minuten, die einfache Fahrt gibt es für 8 Euro. Die Bushaltestelle befindet sich vor der Ankunftshalle.

Wenn es zeitlich mit der eigenen Ankunft nicht passt, oder wenn Sparen angesagt ist, fährt man im blauen Cotral-Bus bis zur Endstation Anagnina. Der Bus fährt halbstündig direkt vor dem Flughafen ab, die Fahrt kostet 1,10 Euro. Fahrkarten gibt es am Zeitungskiosk im Flughafengebäude. Dort angekommen, nimmt man die Metro-Linie A in Richtung Termini. Dort nicht vergessen, eine Fahrkarte zu lösen. Das normale Ticket kostet 1 Euro.

Wenn es von hier ein Taxi sein soll: In rund 40 Minuten ist man in der Stadt, und die Kosten betragen ca. 30 bis 35 Euro.

Auf der Suche nach einem goldenen Ring

Die Diabolus-Tour durch Sevilla

Plaza de España

Der weitläufige Platz ist im Zuge der Ibero-Amerikanischen Ausstellung entstanden, die 1929 parallel zur Weltausstellung von Barcelona in Sevilla stattfand. Spanien wollte damit seine engen Bindungen an die ehemaligen süd- und mittelamerikanischen Kolonien demonstrieren. Im halbkreisförmigen Palacio Español hat Architekt Aníbal González verschiedene spanische Baustile der Vergangenheit zitiert. Er vereinte arabische, Barock- und Renaissanceelemente zu einem verspielten Ganzen. In der Mitte des Bauwerkes steht der Palacio Central, von dem zwei Gebäudeflügel zu den beiden mehr als 80 Meter hohen Ecktürmen führen. Nicht nur zufällig erinnern diese an die Giralda.

Die Fassade des Palastes schmücken die typischen andalusischen Kacheln, die farbigen „azulejos". Für jede spanische Provinz befindet sich hier ein farbenprächtiges Kachelbild mit einem historisch bedeutsamen Ereignis aus der jeweiligen Region. Auf dem Boden vor dem Kachelbild zeigt eine Landkarte an, wo sich die Region befindet. Der Platz wird durch einen Kanal eingerahmt, über den vier verzierte Brücken führen – das erinnert ein wenig an Venedig. Wenn man mag, kann man auch mit einem gemieteten Bötchen über den Wasserlauf rudern.

Ensei Tankado, ein japanischer Programmierer, hat einen unknackbaren Code entwickelt, mit dem er die amerikanische Geheimorganisation NSA erpressen will. Plötzlich bricht er mitten auf der Plaza de España zusammen und stirbt. David Becker wird von der NSA nach Sevilla geschickt, um die Hinterlassenschaft des Toten nach Hinweisen auf den Geheimcode zu untersuchen.

Abb. links | *Das Werk maurischer Architekten: der Alcázar*

Abb. unten | *Auf diesem Platz beginnt die Story*

Abb. links | *Hotel Alfonso XIII: erste Adresse Sevillas*

Abb. unten | *Überall sichtbar: die Giralda*

Hotel Alfonso XIII

An der Puerta de Jerez liegt das Fünf Sterne-Hotel Alfonso XIII, das renommierteste Hotel der Stadt. Der prächtige Bau wurde 1928 eröffnet, um den hochrangigen Besuchern der Ibero-Amerikanischen Ausstellung eine angemessene Unterkunft zu bieten. Damals wie heute gilt das Alfonso als eines der prunkvollsten Hotels Spaniens. Sein Baustil, bei dem traditionelle maurische Elemente deutlich erkennbar sind, wird „Neo-Mudejar" genannt, und war Anfang des letzten Jahrhunderts sehr populär in Andalusien. Diesem Stil verdankt das Alfonso XIII die Schnitzereien und Marmorarbeiten. Besonders schön ist der Innenhof mit den handgearbeiteten Kacheln und dem Springbrunnen in der Mitte. Hier können auch Nicht-Gäste bei einer Tasse Tee etwas von der wunderbaren Atmosphäre einfangen.

Heute gehört das Hotel zur Westin-Gruppe und verfügt über 128 Zimmer, 18 Suiten und eine Royal Suite. Die Zimmer sind mal im maurischen Stil eingerichtet, mal in barockem oder kastilischem Design. Eine Übernachtung in einem dieser stilvollen Doppelzimmer gibt es ab ungefähr 260 Euro. Klar, dass ein Hotel dieser Klasse in seiner Geschichte zahlreiche Berühmtheiten beherbergt hat. Königliche Häupter aus Schweden, Norwegen, Italien, und natürlich Spanien fühlten sich hier genauso wohl wie Indische Maharadschas und thailändische Prinzen.

David erfährt im Krankenhaus von einem Zeugen, dass ein beleibter Deutscher und seine rothaarige Begleitung einen goldenen Ring von dem Sterbenden mitgenommen haben. Ist er der Schlüssel zum Code? Das Paar soll sich im Hotel Alfonso XIII aufhalten.

Service | Adresse: Hotel Alfonso XIII, San Fernando 2, 41004 Sevilla; Tel: (0034) 95 491 7000 | Internet: www.westin-alfonso-xiii.com

Barrio de Santa Cruz

Nach einer Schnitzeljagd durch eine Punkerdisco und die Damentoilette des Flughafens hat David Becker den Ring gefunden. Wir sparen es uns hier, diese wenig attraktiven Schauplätze zu beschreiben und steigen wieder bei der Verfolgungsjagd ein, in dessen Verlauf Becker mit einer Vespa durch die Gassen von Santa Cruz flieht.

Das Viertel Santa Cruz erstreckt sich östlich der Kathedrale. Enge Gassen, weiße Fassaden, kleine Brunnen, versteckte Innenhöfe hinter schmiedeeisernen Gittern und herrlich blühende Bougainvilleen machen es zum Vorzeige-Viertel von Sevilla. Es macht Spaß, durch die Gassen zu schlendern und hinter jeder Ecke neue Eindrücke zu gewinnen. David Becker wird nicht der einzige sein, der sich in diesem Labyrinth schon einmal verlaufen hat. Die belebte Calle Mateos Gago, durch die David mit der Vespa flitzte, ist von Souvenirläden und Tapas-Bars gesäumt. Dan Brown irrt allerdings, wenn er sagt, dass dieses Viertel das älteste von Sevilla sei. Die meisten Gassen und Gebäude, die wir heute sehen, wurden erst zu Beginn des 20. Jahrhunderts gebaut. Auch die Behauptung, dass dieses Viertel die „Heimat der ältesten und frömmsten katholischen Familien von Sevilla" (Seite 385) sei, ist sehr fraglich. In maurischer Zeit lag nämlich hier das jüdische Viertel der Stadt.

Abends füllen sich die Bars und Restaurants mit Einheimischen, Tische und Stühle stehen vor den Läden. Trotz der Nähe zu Giralda und Kathedrale und den damit verbundenen Touristenströmen gibt es hier authentische Tapas in einer sehr großen Auswahl. Die gut besuchte Cervecería Giralda in der Calle Mateos Gago bildet einen guten Ausgangspunkt für eine klassische Tapas-Runde. Mit arabischem Stuck, Kacheln und Marmorfußboden im Inneren bietet sie auch etwas für's Auge.

Service | Adresse:
Cervecería Giralda,
Mateos Gago 1,
Tel: 95 422 74 35

Die Domherren beschlossen im Jahre 1401 „eine Kathedrale zu bauen, so groß, dass uns jeder, der sie sieht, für verrückt hält." Und das haben sie auch geschafft: Die Kathedrale war flächenmäßig einmal die größte der Welt. Heute hält sie nach dem Petersdom und der St. Paul's Cathedral in London den dritten Platz. Ihre Grundfläche beträgt 23.500 Quadratmeter, die Länge stolze 116 Meter. Im Jahr 1987 wurde sie von der Unesco zum Weltkulturerbe ernannt.

Die Bauarbeiten selbst dauerten mehr als einhundert Jahre, weitere drei Jahrhunderte ihre Ausschmückung. Baumeister und Bildhauer aus Spanien, Deutschland und Flandern waren beschäftigt, die spätgotische Kirche zu gestalten.

Die Kathedrale besitzt neun Portale. Der Haupteingang, die Puerta San Cristobal, liegt an der Südseite. Im Inneren der Kathedrale schlägt uns Ehrfurcht gebietende Düsternis entgegen. Zusammen mit dem schweren Geruch von Weihrauch versetzt sie einen in eine längst vergangene Zeit zurück. Mitten im Kirchenschiff steht die Capilla Mayor mit dem beeindruckendsten Kunstwerk dieses Gotteshauses: Hinter einem Schmuckgitter aus dem 16. Jahrhundert verbirgt sich das größte Altarbild der Welt, der goldene Retablo Mayor. Über eintausend geschnitzte Figuren auf über 23 Metern Höhe und 20 Metern Breite zeigen Szenen aus dem Leben Jesu.

Wenn wir vor dem riesigen Altarbild stehen und nach rechts blicken, sehen wir das Grabmal von Christoph Kolumbus. Der Sarkophag ruht auf den Schultern von vier Figuren, welche die spanischen Königreiche zu der Zeit von Kolumbus darstellen: Kastilien, Aragón, Navarra und León. Nach neuesten Erkenntnissen sollen sich die Gebeine allerdings nicht hier befinden.

David wurde von seinem Verfolger angeschossen! Er rettet sich in die Kathedrale, in der gleich die heilige Messe stattfinden wird. Dass alle Messebesucher schwarz gekleidet sind, ist natürlich vollkommen des Autors Fantasie entsprungen. Dieser dichterische Kunstgriff macht es aber für David schwieriger, sich in seinem khakifarbenen Jackett vor dem Killer zu verstecken.

Service | Adresse: Catedral de Sevilla, Plaza Virgen de los Reyes | Öffnungszeiten: montags bis samstags von 11 bis 18 Uhr. Im Juli und August: montags bis samstags 9.30 bis 15.30 Uhr; sonn- und feiertags 14.30 bis 18 Uhr. | Eintritt: 7 Euro, ermäßigt 1,50 Euro (für Einwohner Sevillas, Studenten und Rentner), sonntags kostenlos. Internet: www.catedralsevilla.org (auf Spanisch)

Abb. rechts | *Die Kathedrale Santa María ist eine der größten Kirchen der Welt*

Hintergrund | *Die Gebeine des Kolumbus*

Neben dem großen Altarbild in der Kathedrale Santa María finden wir das Grabmal von Christoph Kolumbus (1451-1506). Der Sarkophag ruht auf den Schultern von vier Figuren, welche die spanischen Königreiche zu Kolumbus' Zeiten darstellen. Dieses ist allerdings nicht das einzige Grabmal, in dem angeblich Gebeine von Kolumbus liegen sollen. In Santo Domingo in der Dominikanischen Republik steht ein zweites, noch pompöseres Grabmal. Seit nunmehr knapp 130 Jahren behaupten beide Städte, den „wahren" Kolumbus zu besitzen.

Im Sommer 2003 kam ein mögliches Ende des Streits in Sicht. Ein spanischer Historiker erhielt die Genehmigung, zusammen mit einem Genetiker die Überreste aus der Kathedrale von Sevilla zu analysieren. Das Ergebnis: Die Forscher vermuten, dass die in Sevilla gefundenen Knochen nicht Christoph Kolumbus gehören. Laut eines Berichts der britischen Zeitung „The Guardian" im August 2004 stammen sie von einem Mann, der eine eher zierliche Gestalt hatte und im Alter von spätestens 45 Jahren verstarb. Kolumbus hingegen besaß als Seefahrer eine kräftige Statur und wurde 55 Jahre alt – das passt auf die Gebeine in Santo Domingo. Die Knochen in Sevilla gehören vermutlich zu Kolumbus' Sohn Diego. Für den stolzen spanischen Polizisten, den David Becker im Roman trifft, würde vermutlich eine Welt zusammenbrechen. Denn nach diesen Forschungsergebnissen besitzt Sevilla nicht einmal die Testikel, oder umgangssprachlich formuliert, „das Ei des Kolumbus".

La Giralda

An der nördlichen Seite der Kathedrale liegt der Patio de los Naranjos, der Orangenhof. An den Türflügeln des Portals deuten Korantexte auf seine islamische Vergangenheit hin. Auch der achteckige Brunnen im Hof stammt noch von den Mauren, die vor Betreten der Moschee ihre Hände und Füße darin gewaschen haben.

Der Killer hat David Becker in der Kathedrale entdeckt! Durch den Innenhof flieht David die Giralda hinauf. Zu spät wird ihm klar, dass er sich hier in einer Sackgasse befindet.

Die 94 Meter hohe Giralda ist das weithin sichtbare Wahrzeichen der Stadt. Ursprünglich diente der Turm als Minarett der maurischen Hauptmoschee und wurde von vier übereinander angebrachten Bronzekugeln verziert, die durch das Erdbeben von 1356 zerstört wurden. Der heutige Glockenturm wurde zwischen 1558 und 1568 vom spanischen Baumeister Hernán Ruiz auf die Basis des ehemaligen Minaretts gesetzt. Trotzdem harmoniert der Renaissance-Stil des oberen Teiles hervorragend mit dem unteren maurischen Teil.

Auf der Spitze steht eine vier Meter hohe Bronzefigur, die den christlichen Glauben symbolisieren soll. Gleichzeitig dient sie als Wetterfahne und wird „El Giradillo" genannt, abgeleitet vom spanischen „girar", was übersetzt „sich drehen" heißt. Nun wissen wir also, woher die Giralda ihren Namen hat. Heute steht nur eine Kopie dort oben, das Original befindet sich im Inneren der Kathedrale

Im Inneren befindet sich eine zweieinhalb Meter breite Rampe, die zu einer Galerie führt. Aus einer Höhe von 70 Metern haben wir von dort einen phantastischen Blick über die Dächer der Stadt. Es gibt keine Treppen, wie im Roman beschrieben, sondern nur einen Wendelgang mit insgesamt 35 sanft ansteigenden Rampen.

Abb. links | *Einfach „Alcázar" nennen die Andalusier ihren Prachtbau*

Abb. unten | *94 Meter bis zum schönsten Blick über Sevilla*

Hätte David Becker mehr Zeit gehabt …

… dann hätte er sich sicher dies noch angeschaut:

Service | Adresse: Reales Alcázares, Patio de Banderas | Öffnungszeiten: 1. April bis 30. September: dienstags bis samstags von 9.30 bis 20 Uhr, sonn- und feiertags von 9.30 bis 17 Uhr. 1. Oktober bis 31. März: dienstags bis samstags von 9.30 bis 18 Uhr, sonn- und feiertags von 9.30 bis 13.30 Uhr. Montags geschlossen. | Eintritt: 3 Euro

Reales Alcázares

Überquert man die südlich der Kathedrale gelegene Plaza del Triunfo, gelangt man zu einer weiteren atemberaubenden Sehenswürdigkeit aus maurischer Zeit: die Reales Alcázares. Bis 1248 war hier die Residenz der maurischen Herrscher. Als Ferdinand III. die Stadt eroberte, war auch er von ihrer Pracht so begeistert, dass er sie zu seinem Palast machte. Ein großer Teil der heutigen Anlage entstand unter König Pedro dem Grausamen. Von einem maurischen Architekten ließ er 1366 den so genannten inneren Alcázar errichten. Man sollte genügend Zeit mitbringen, um die Anlage in ihrer Schönheit wirklich würdigen zu können. Der Salón de los Embajadores (Botschaftersaal) mit seinen kunstvollen Schnitzereien und den azulejos ist wohl der bedeutendste Saal innerhalb des Palastes. Den Abschluss des Rundgangs bilden die Gärten des Alcázar, eine Oase inmitten der Stadt mit Teichen, Pavillons und duftenden Blumenmeeren. Hier verbinden sich maurische Architektur und Einflüsse der Renaissance zu einem wunderschönen Gesamtkunstwerk. Im Schatten der Orangenbäume auf kunstvoll gekachelten Bänken können wir ein wenig ausruhen.

Auf eigene Faust: zu Fuß auf den Spuren von „Diabolus“

Die empfohlene Tour führt zu den Schauplätzen von „Diabolus“, nicht in der Reihenfolge der Handlung, sondern aufgrund ihrer tatsächlichen Lage. Darüber hinaus gibt es rechts und links des eigentlichen Weges noch eine Menge Schönes zu sehen.

In Sevilla haben wir den Vorteil, dass alle aufgeführten Schauplätze sehr nahe beieinander liegen und sich mühelos zu Fuß erkunden lassen. Auch die Reihenfolge der Besichtigungen kann variiert werden. Unser Vorschlag: Wir schlendern am Vormittag, solange es noch nicht so heiß ist, ohne festes Ziel durch die kleinen Gassen des BARRIO DE SANTA CRUZ und genießen die Atmosphäre. Ab 11 Uhr hat die KATHEDRALE SANTA MARIA geöffnet, so dass wir den Innenraum bewundern können. Wenn uns danach wieder nach Tageslicht dürstet, gehen wir durch den ORANGENHOF und steigen die Rampe der GIRALDA hinauf. Oben angekommen, genießen wir den Ausblick über die Dächer Sevillas. Wieder unten angekommen, können wir je nach Uhrzeit und Hungergefühl entweder eine kleine Pause in der Cervecería Giralda oder einer anderen Tapas-Bar machen, oder wir gehen über die Plaza del Triunfo zu den REALES ALCÁZARES. Gerade in der Mittagshitze ist es in den GÄRTEN DES ALCÁZAR sehr gut auszuhalten. Nach einiger Zeit verlassen wir die Palastanlage wieder durch die Puerta del León, halten uns links, immer an der Außenmauer entlang, und erreichen die PUERTA DE JEREZ. Auf der anderen Straßenseite der Calle San Fernando liegt das HOTEL ALFONSO XIII. Wir durchqueren das Universitätsgelände in südlicher Richtung und kommen so auf die Calle Palos de la Frontera. Nach links gewandt erblicken wir bereits die PLAZA DE ESPAÑA, die sich gerade in der Sonne des späten Nachmittags in ihren schönsten Farben zeigt. Auf der anderen Seite der Avenida de Isabel la Católica beenden wir unsere Tour mit einem Rundgang im angrenzenden PARQUE DE MARÍA LUISA.

Nach Sevilla kommen

Die meisten Besucher aus Mitteleuropa nehmen das Flugzeug, um nach Andalusien zu kommen. Der schöne Flughafen Sevilla (SVQ), der für die Weltausstellung 1992 gebaut wurde, liegt ungefähr 10 Kilometer nordöstlich der Stadt.

Sevilla ist keine Destination der Billigflieger. Einzig Air Berlin hat die Stadt im Programm, dafür starten die Flüge aber von fast allen deutschen Flughäfen, sowie von Salzburg, Wien und Zürich. Alternativ kann man auch bei der spanischen Fluggesellschaft Iberia schauen, die über Madrid nach Sevilla fliegt.

Vom Flughafen in die Stadt

Entweder man nimmt für rund 20 Euro ein Taxi, das nur 15 Minuten benötigt, um in die Stadt zu kommen, oder man fährt mit dem Flughafenbus zum Stadtzentrum. Direkt am Ausgang des Terminals befindet sich die Bushaltestelle. Der Bus hat das Ziel „Puerta Jerez" und fährt von 6 bis 23 Uhr je nach Tageszeit alle 20 bis 30 Minuten. Die Fahrt kostet 2,80 Euro. Die Endhaltestelle ist Puerta Jerez, direkt gegenüber dem Hotel Alfonso XIII.

Abb. links | *Eine der Kachelbänke an der Plaza de España*

Der Film

Dan Brown dürfte ein gemachter Mann sein: Der Autor des bisher erfolgreichsten Romans aller Zeiten, „The Da Vinci Code", der im März 2003 in den USA erschien, stürmte sogleich die Bestsellerlisten. Dort verharrt er seitdem hartnäckig. In 42 Sprachen wurde sein umstrittenes Werk übersetzt, allein 6 Millionen Dollar flossen für den Verkauf der Filmrechte in die Brownsche Haushaltskasse – für einen zeitgleichen Start in 73 Ländern der Welt. Da kann man sich beruhigt zurücklehnen und sich freuen, dass Hollywoods erste Schauspieler-Riege sich um die Hauptrollen stritt.

Die Voraussetzungen dafür stehen gut, dass der mit dem Gesicht von Tom Hanks und einem Budget von 125 Millionen US-Dollar ausgestattete Film ähnlich erfolgreich ist wie die Romanvorlage. Regisseur Ron Howard gewann mit seinem Film „A Beautiful Mind" im Jahr 2001 zwei Oscars, der Drehbuchautor Akiva Goldsman ebenfalls einen für die beste Drehbuchadaption. Auch die Besetzung ist hochkarätig: Neben Tom Hanks in der Rolle als Robert Langdon sehen wir „Gandalf"

Abb. links | *Amerikas beliebtester Filmstar: Tom Hanks bei Dreharbeiten in Lincoln*

Abb. links | *Ron Howard: Drehte mit Tom Hanks schon „Apollo 13"*

Abb. unten | *Nachtschicht für die Mona Lisa*

Ian McKellen als Teabing, Paul Bettany („A Beautiful Mind") als Silas, Jean Reno („Léon - Der Profi") als Bezu Fache, Alfred Molina („Spider-Man 2") als Bischof Aringarosa, und Jürgen Prochnow („Das Boot") als Bankdirektor Vernet. Die Rolle der Sophie ging an Audrey Tautou („Amélie"), die 30 andere Schauspielerinnen aus dem Feld geschlagen haben soll – Gerüchten zufolge auch die beste Freundin von Präsident Chiracs Tochter.

Für die Dreharbeiten wurde mit den Shepperton Studios in London eines der weltweit renommiertesten Studios ausgesucht. Hier entstanden bereits Kassenschlager wie die „Harry Potter"-Verfilmungen, „Alien", „Jenseits von Afrika", „Bridget Jones" und zahlreiche andere.

Die Dreharbeiten verliefen unter strengster Abschirmung der Öffentlichkeit, die Informationspolitik von Sony Pictures war äußerst restriktiv. Die Verschwiegenheit glich beinahe der der Prieuré de Sion im Roman, wenn es um die Wahrheit über Jesus und Maria Magdalena geht.

Paris

Paris wird als Filmkulisse immer beliebter: Mehr als 3.300 Drehtage gab es hier im Jahr 2005 – das bedeutet jeden Tag zehn ver schiedene Filmprojekte! Der Startschuss für die ersten Aufnahmen des Films fiel am Abend des 29. Juni 2005. Der Place Vendôme wurde weitläufig abgesperrt, und Sicherheitskräfte sorgten konsequent dafür, dass keine Neugierigen hinter die Absperrungen kamen und womöglich Film- oder Fotoaufnahmen machten. Mittelpunkt des Drehs war das Hotel Ritz, wo Film und Roman beginnen. Die Szenen in der Suite, in der Robert Langdon nächtigt, wurden allerdings nicht im Hotel gedreht. Statt dessen wurde jedes einzelne Möbelstück nach London geschickt, wo man die komplette Suite im Studio nachbaute.

Kurz darauf, in der Zeit vom 4. bis 12. Juli, stand das Shooting im Louvre auf dem Programm. Gedreht werden durfte nur nachts, denn tagsüber war das Museum ganz normal für die Besucher geöffnet. Die Szenen unter der Pyramide entstanden vollständig hier, die Szenen in der Grande Galerie nur zum Teil. Der Fundort der Leiche des Museumsdirektors in seinem eigenen Blut wurde in ein exakt nachgestelltes Set im Studio verlegt. Mehr als 50 Gemälde wurden dafür kopiert, darunter natürlich auch die beiden „Stars“ unter den Bildern, die Felsengrottenmadonna und die Mona Lisa. Denn geheime Botschaften auf echte Kunstwerke zu schreiben, das geht natürlich nicht.

Die Flucht von Robert und Sophie vor der französischen Polizei im Smart wurde dagegen auf den Straßen von Paris gedreht. Eine halbe Meile nördlich vom Place Vendôme liegt die Rue Saint Georges, eine kleine Straße, die in Richtung Montmartre führt. Zwei Reporter der Nachrichtenagentur Bloomberg, Celestine Bohlen und Gregory Viscusi, beobachteten dort aus einer Privatwohnung die Dreharbeiten:

„Das öffentliche Parken wurde auf einem 100 Meter langen Abschnitt der Straße, die mit Wohnhäusern aus dem 19. Jahrhundert, Antiquitätenhändlern und kleinen Restaurants gesäumt ist, für fünf Tage verboten. Der Verkehr wurde in vier aufeinander folgenden Nächten von 21 Uhr bis 6 Uhr umgeleitet, und die Straße wurde zu einem Filmset.

An einem dieser Abende wurden Tom Hanks und Audrey Tautou in einen kleinen Smart gesetzt, der auf einem Go-Kart befestigt war, am einen Ende der Fahrer, am anderen Ende zwei Kameramänner. In dieser Szene wird der Wagen von drei Polizeiwagen verfolgt. Die Verfolgungsjagd beginnt vor einem herrschaftlichen Gebäude aus dem 19. Jahrhundert, welches im Film die Amerikanische Botschaft darstellt. […]

Die Betreiber der ansässigen Restaurants wurden dafür bezahlt, jeden Abend während der Dreharbeiten zu schließen. Geschäftsinhaber erhielten Geld, damit sie ihre Fensterläden offen und das Licht brennen lassen, damit die Straße belebt wirkt.“
(www.bloomberg.com)

Einem Ladenbesitzer wurden angeblich 50 Euro angeboten, damit er sein Geschäft die Nacht über geöffnet hielt; verständlicherweise war er angesichts dieser Summe darüber nicht sonderlich begeistert.

Abb. oben | *Auch ein Killermönch hat Verehrer: Paul Bettany*

Abb. unten und oben rechts | *Keine schlechte Adresse für einen „Lehrer“!*

Château de Villette

Die Crew fand sich bereits Ende Juni zum Aufbau und zu Testaufnahmen ein. Die eigentlichen Dreharbeiten begannen am 13. Juli und dauerten bis zum frühen Morgen des 16. Juli. Mehrere Hundert Leute waren gleichzeitig auf dem Gelände des Châteaus unterwegs, dazu rund 90 Trucks und Anhänger. Alle Außenaufnahmen vom Château entstanden tatsächlich hier, aus einem Hubschrauber wurden Luftaufnahmen gemacht. Im Inneren bildeten die Eingangshalle und die große Treppe, auf der Sir Ian McKellen alias Leigh Teabing in den Film eingeführt wird, eine perfekte Kulisse. Die Bibliothek und der Speicher, in dem die Abhöranlage steht, wurden allerdings im Studio in London nachgebildet.

Das Eingangstor, das von der Polizei niedergerissen wird, wurde vor Ort nachgebaut. Dabei haben die Requisiteure wohl exzellente Arbeit geleistet: Ihr Werk sah so täuschend echt aus, dass die Besitzerin des Châteaus, Olivia Decker, vergeblich versuchte, die Attrappe zu öffnen, als sie eines Nachts nach Hause kam. Selbst sie konnte Original und Fälschung nicht unterscheiden. Schließlich kam ihr das Sicherheitspersonal zur Hilfe und ließ sie hinein.

Für die Stars wurden während der Dreharbeiten sechs Zimmer bereitgestellt. Tom Hanks zog es allerdings vor, die Zeit zwischen den Aufnahmen mit seiner Frau Rita und seinen Kindern in der Pariser Wohnung des Schauspielers Donald Sutherland zu verbringen. Auch die anderen Darsteller konnten das luxuriöse Ambiente ihrer Unterkunft nicht so richtig entspannt genießen; der Teil der Handlung im Château de Villette spielt nachts, und so wurde auch jede Nacht hier gedreht.

Schon seit längerem zeigte sich Reverend Griffth-Jones offen für Diskussionen über den Inhalt des Romans. Freitags zwischen 13 und 14 Uhr können Dan-Brown-Fans und andere Interessierte für einen Beitrag von drei Pfund ihre Fragen stellen und mit ihm diskutieren. So war es nicht vollkommen überraschend, dass er den Dreharbeiten in seiner Kirche zugestimmt hatte.

Ende August begannen die Aufnahmen in der Temple Church und dauerten rund eine Woche. Die Originalszene im Buch spielt morgens um 7.30 Uhr, dementsprechend mussten natürlich auch die Lichtverhältnisse passen. Um eine gleichmäßige Beleuchtung im Inneren der Kirche über die gesamte Dauer des Drehs sicherzustellen, arbeitete man mit Scheinwerfern. Dabei wurden alle Fenster der Kirche von außen komplett verhangen, bis auf die Fenster im runden Kirchenschiff. Diese waren nur im oberen Teil verdunkelt, der untere Teil blieb frei für die Scheinwerfer.

Abb. unten und rechts oben | *Die Morgenstimmung in der Temple Church stammt aus Hollywoods Trickkiste*

Abb. rechts unten | *Neue Popularität als Filmschauplatz: die Kathedrale von Lincoln*

Um den Effekt von Licht, das durch Buntglasfenster in die Kirche fällt, zu erzielen, wurden vor den Scheinwerfern Filter aus farbigem Kunststoff befestigt.

Keine Erlaubnis gab es für Drehabreiten in der Westminster Abbey. In einer offiziellen Stellungnahme heißt es: „Obwohl das Buch sicherlich sehr spannend ist, können wir die umstrittenen und eigenwilligen religiösen und historischen Darstellungen nicht empfehlen oder billigen – genauso wenig wie seine Ansichten zum Christentum und dem Neuen Testament. Daher wäre es unangebracht, die Szenen aus dem Buch hier zu filmen.“ So musste sich Ron Howard nach einem adäquaten Ersatzort umschauen und fand ihn schließlich auch: die Kathedrale von Lincoln.

Lincoln

Inmitten der flachen Landschaft der Grafschaft Lincolnshire erhebt sich weithin sichtbar die Stadt Lincoln, eine der schönsten historischen Städte Englands. Dominiert wird das Stadtbild von der Kathedrale mit ihrem rund 83 Meter hohen Mittelturm, einem der höchsten in England. Mit dem Bau der normannischen Kirche wurde im Jahre 1070 begonnen, doch Feuer und Erdbeben zerstörten bald das Gebäude. Übrig geblieben sind nur die Westfassade sowie der untere Teil der beiden Westtürme. Erst im Jahr 1192 begann der Wiederaufbau der Kathedrale im gotischen Stil. Im 14. Jahrhundert entstand der Mittelturm, auf dem eine Kirchturmspitze aus Blei empor ragte. Mit einer Gesamthöhe von 160 Metern war die Kathedrale für zwei Jahrhunderte das höchste Gebäude der Welt, bis die Kirchturmspitze im Jahre 1549 bei einem Unwetter einstürzte.

Service | Öffnungszeiten: Im Sommer montags bis freitags von 7.15 bis 20 Uhr, im Winter bis 18 Uhr. Samstags, sonn- und feiertags von 7.15 bis 18 Uhr. | Eintritt: 4 GBP, für Kinder unter 16 Jahren 1 GBP. | Internet: www.lincolncathedral.com

Bereits am 5. August machte sich ein großes Team aus Bühnenbildnern, Zimmermännern und Künstlern daran, das Innere der Lincoln Cathedral in eine Kopie der Westminster Abbey zu verwandeln. Im Kirchenschiff wurde eine Nachbildung von Isaac Newtons Grab aufgebaut, die zuvor im Studio hergestellt und aus dem 250 Kilometer entfernten London hierher transportiert worden war. Auch die wunderbaren Fresken, die im Film an den Wänden des Kapitelhauses zu sehen sind, stammen aus der Requisite.

Bei der Umgestaltung wurde außerdem die elektrische Beleuchtung entfernt, Heizkörper versteckt und Abschnitte mit modernem Mauerwerk verhüllt. Denn die Lincoln Cathedral dient auch als Schauplatz einer Szene, die nur im Film, nicht aber im Buch existiert: einer Rückblende zum Begräbnis Isaac Newtons im Jahre 1727. Mehr als einhundert Einwohner Lincolns begleiteten die Dreharbeiten als Statisten, mit Perücken und Kostümen perfekt ausgestattet.

Am 15. August war es dann soweit: Für eine Woche wehte durch den kleinen Ort Lincoln ein Hauch von Hollywood. Schaulustige drängten sich um den Bereich der Kathedrale und das White Hart Hotel, in dem die Schauspieler logierten. Wer Glück hatte, dem gelang es, einen Blick auf die Stars zu werfen oder sogar ein Autogramm zu bekommen. Die lokale Zeitung, Lincolnshire Echo, rief ihre Leser sogar dazu auf, ein Foto von einem Star zu machen, welches dann in der Zeitung abgebildet werden würde.

Doch nicht jeder in Lincoln war so enthusiastisch: Die katholische Nonne Schwester Mary protestierte mit einem zwölfstündigen öffentlichen Gebet gegen den Dreh im Gotteshaus.

In Lincoln hofft man darauf, durch den Film ebenso vom Tourismus zu profitieren, wie das an anderen Schauplätzen des Romans bereits gelang. Das Film-Team überließ zahlreiche Requisiten, die seit Abschluss der Dreharbeiten im Rahmen einer Ausstellung in der Kathedrale zu sehen sind, darunter Skizzen und Aufnahmen sowie Teile der Nachbildung von Newtons Grab. Doch auch ohne die Ausstellung gibt es in Lincoln viel zu entdecken: zum Beispiel die Geschichte über den Lincoln Imp, das Wahrzeichen der Stadt. Der Sage nach kam ein Kobold nach Lincoln, um die Kirche zu zerstören. Doch ein Engel verwandelte ihn in Stein, und so ist er heute im „Angels Choir" hoch oben neben 28 Engelsfiguren zu finden. Ebenso sehenswert sind die beiden mittelalterlichen Fensterrosen Bishop's Eye und Dean's Eye aus mittelalterlichem Glas.

Abb. links oben | *In der Gastrolle als Westminster Abbey: die Kathedrale von Lincoln*

Abb. oben | *Ist Sir Isaac Newton umgezogen?*

Abb. links | *„Mit den besten Wünschen, Leigh Teabing"*

Service | Internet: www.burghley.co.uk (Burghley House) | www.belvoircastle.com (Belvoir Castle) | www.shorehamairport.co.uk (Shoreham Airport)

Weitere Drehorte in England

Neben diesen Hauptschauplätzen gab es noch weitere Drehorte in England. Ebenfalls in der Grafschaft Lincolnshire liegt Stamford. Im Inneren des dort gelegenen Burghley House entstanden die Szenen, die in der päpstlichen Sommerresidenz Castel Gandolfo spielen, wo sich Bischof Aringarosa mit den vatikanischen Geistlichen trifft. Auch in der angrenzenden Parklandschaft wurden verschiedene Einstellungen gemacht. Für die Außenaufnahmen des Castel Gandolfo bildet hingegen das Belvoir Castle in Leicestershire die Kulisse. Und der Shoreham Airport unweit von Brighton wurde für den Film zum Flughafen Le Bourget in Frankreich, von dem aus die Helden mit Teabings Jet nach London fliegen.

Roslin

Auch für das kleine Örtchen Roslin waren die Dreharbeiten natürlich ein Ereignis. Am 26. September wurde die Rosslyn Chapel vier Tage lang für Besucher geschlossen. Schaulustige hatten es nicht einfach, zur Kapelle zu gelangen. Rund um die Kirche waren Holzzäune gezogen, und Sicherheitskräfte wiesen jeden ab, der nicht zum Filmteam gehörte.

Als besonders geschäftstüchtig zeigte sich eine Gruppe schottischer Rentner. Sie öffneten ihre Häuschen mit Blick auf die Rosslyn Chapel für Touristen und Reporter und vermieteten die Plätze in der ersten Reihe an ihren Schlafzimmerfenstern. Am Morgen betrug der „Eintritt" noch 25 Pfund. Als aber der Andrang immer größer wurde, wurden kurzerhand erst 50, dann sogar bis zu 75 Pfund verlangt. Die Einnahmen behielten die cleveren Senioren jedoch nicht für sich selbst, sondern spendeten sie wohltätigen Institutionen.

Ein besonderes Erlebnis waren die Dreharbeiten auch für Aine Divine. Die ortsansässige Künstlerin malte ein Bild nach einem Foto von Tom Hanks. Ihr Traum ist es, dass der Star einmal persönlich für sie Modell sitzt. Eine entsprechende Anfrage ließ sie ihm während der Dreharbeiten bereits zukommen – aber bislang wartet sie vergeblich auf eine Antwort.

Nachdem sich die Besucherzahl in der Rosslyn Chapel aufgrund des Romanerfolgs mit 120.000 im Jahr 2005 fast verdoppelte, rechnet Sprecher Stuart Beattie noch einmal mit 30.000 Touristen zusätzlich durch den Film. Damit der Ansturm bewältigt werden kann, ist ein neues Besucherzentrum bereits in Planung.

Abb. links oben | *Belvoir Castle: Schauplatz für das päpstliche Castel Gandolfo*

Abb. oben | *Hängt nicht im Louvre, aber in Schottland: Tom Hanks*

Abb. unten | *Geheimnisvolle Vorbereitungen*

Nachweis der Zitate

Alle Zitate auf den Seiten 6 bis 69 (Paris, London, Roslin) sind entnommen aus: Dan Brown, Sakrileg, The Da Vinci Code, Illustrierte Ausgabe, Gustav Lübbe Verlag 2005 | Alle Zitate auf den Seiten 70 bis 123 (Rom) sind entnommen aus: Dan Brown, Illuminati, Verlagsgruppe Lübbe 2003 | Alle Zitate auf den Seiten 124 bis 133 (Sevilla) sind entnommen aus: Dan Brown, Diabolus, Verlagsgruppe Lübbe 2005

Abbildungsnachweis

Covermotiv: Manfred Kaczerowski

Oliver Mittelbach: S. 4, 5, 5 u., 6, 10, 11, 12, 13, 14, 15 o., 15 u., 16, 20, 21, 22 o., 22 u., 23, 24, 25, 26, 28, 33, 34, 35, 40, 42 o., 42 u., 43, 44 o., 44 u., 45 o., 45 u., 47, 49 o., 49 u., 50 u., 53 u., 54, 56, 58, 78, 83, 84, 86, 91, 92, 93, 96, 97, 98, 99, 100, 101, 102, 103, 104, 105 o., 105 u., 106, 108, 109, 110, 111, 112, 125, 133, 137

Mit freundlicher Genehmigung des Hotel Ritz, Paris: S. 8, 9 o., 9 u. | akg-images/Erich Lessing: S. 18/19 | akg-images/Erich Lessing: S. 81 | akg-images: S. 94

Manfred Kaczerowski: S. 29, 70, 74/75, 76, 80, 85, 87, 88, 89, 101, 116, 119, 124, 129, 130, 131 | Fotos Château de Villette mit freundlicher Genehmigung von Olivia Hsu Decker: S. 30, 31, 138 u., 139 | Dekan und Kapitel von Westminster: S. 51 | www.castles-abbeys.co.uk/Michael W. Cook: S. 53 | Mit freundlicher Genehmigung der National Gallery London: S. 55 | Antonia Reeve/Rosslyn Chapel Trust: S. 62, 66 | Undiscovered Scotland: The Ultimate Online Guide: S. 64 o., 64 u., 65, 67 (www.undiscoveredscotland.co.uk) | Mit freundlicher Genehmigung von CERN: S. 72, 73 o., 73 u. | Mit freundlicher Genehmigung des Hotel Bernini Bristol, Rom: S. 113, 114 o., 114 u. | Mit freundlicher Genehmigung des Hotel Alfonso XIII, Sevilla: S. 126 | Roland Schleyer: S. 127 | Lincolnshire Echo: S. 134, 143 u. | White Hart Hotel, Lincoln: S. 136 | Marcus J. Lambert: S. 138 o., 140, 141 o. | Darren Hendley / www.odraconiandevil.co.uk: S. 141 u., 143 o. | Mit freundlicher Genehmigung des Lincolnshire County Council: S. 142, 144 | Paul Hurst: S. 145 u. | Aine Divine: S. 145 o.

Liebe Leser,

wenn der vorliegende Reiseführer Ihnen jetzt Lust gemacht hat, die nächsten Nächte mit einem der Romane unter der Bettdecke zu verbringen, dann zögern Sie nicht und machen Sie Dan Brown noch (erfolg)reicher als er ohnehin schon ist! Folgende Ausgaben seiner Bestseller sind in deutscher Sprache erhältlich:

Dan Brown, Illuminati, Hardcover, 10,95 €, Originaltitel: Angel & Demons
Dan Brown, Illuminati, Taschenbuch, 8,90 €
Dan Brown, Sakrileg, Hardcover, 19,90 €, Originaltitel: The Da Vinci Code
Dan Brown, Sakrileg, Illustrierte Ausgabe, 24,90 €
Dan Brown, Diabolus, Hardcover, 19,90 €, Originaltitel: Digital Fortress
Dan Brown, Meteor, Taschenbuch, 8,95 €, Originaltitel: Deception Point

Alle Bücher sind erschienen im Lübbe Verlag, Bergisch Gladbach.
Weitere Informationen finden Sie unter www.luebbe.de und
www.dan-brown.de. Viel Spaß!

Aktuelle Informationen zu den Schauplätzen sowie viele nützliche
Links finden Sie unter www.thrillerreisen.de

Der Autor

Nach einer Werbekarriere für bekannte Marken wie Wella und Coca-Cola arbeitet Oliver Mittelbach heute selbstständig als Marketingberater. Seine Reiseleidenschaft lebte er im Internet aus, wo er Online-Reiseführer veröffentlichte. Rom, Paris & London kennt er seit vielen Jahren. Nach der Lektüre von Dan Browns Romanen reiste er überall noch einmal hin und entdeckte die historischen Städte völlig neu. „Leseratten unterwegs“ ist sein erstes Buch und wurde gleich ein internationaler Erfolg. Bis heute wurde es in zehn Sprachen übersetzt.

Impressum

Oliver Mittelbach
Leseratten unterwegs. Dan Browns Thriller-Schauplätze als Reiseziel

Alle Angaben in diesem Buch erfolgten mit größtmöglicher Sorgfalt durch Autor und Verlag. Stand: Februar 2006. Bei Abweichungen bitten wir um Mitteilung, können aber keine Haftung übernehmen.

Verlagsanschrift
Alfredstraße 108
45131 Essen
E-Mail: info@booksandfriends.de
Internet: www.booksandfriends.de

Gestaltung & Cover:
Art des Hauses Kommunikationsdesign, Hagen-Hohenlimburg
Anne Franke | André Maaßen | Daniel Klafke | Sebastian Heger

Druck und Verarbeitung:
Printed in Czech Republic

3. Auflage März 2006
ISBN 3-9809408-4-5